●グラフィック［法学］－2

# グラフィック
# 憲法入門
## 第2版

毛利　透

Toru Mori

GRAPHIC

新世社

# ● 第2版へのはしがき ●

　本書の第2版を刊行することができ，うれしく思います。本書は，初版が
2014年6月に出版されました。その直後に，内閣が集団的自衛権行使を限定
的ながら容認するという，憲法解釈の大きな変更を行ったことをうけ，2016
年2月に補訂版を公刊しました。初版にひきつづき，この補訂版も，著者であ
る私の期待を上回るほど多くの読者に恵まれました。

　補訂版の刊行から5年ほどとなることを契機として，本書全体を読み返し，
新たな立法や判決などをふまえて内容のアップデートをほどこすとともに，叙
述の不十分な点を補うなどの修正を加える改訂を行いました。コンパクトなサ
イズを維持しつつも，憲法の学習として必要な範囲は網羅し，しかもできるだ
け深い知見を伝えられるように努めました。右頁の図表も，憲法の現実の姿を
よりクリアに伝えられるように工夫したつもりです。

　2020年は，新型コロナウイルス感染症の流行により，予想もできなかった
苦しい年になってしまいました。緊急事態宣言に基づき各種の営業が制限され
るなど，憲法上の自由保障にとっても大きな問題が投げかけられました。新型
コロナは現在なお流行中ですが，第2版では，この感染症が日本社会に投げか
けた問題についても，憲法の観点から少々検討を加えています。

　「初版へのはしがき」でも書いたように，本書は，読者の皆さんが「立憲主
義的に考える」能力を養う助けとなることを目指しています。第2版も，その
ために貢献できるよう願っています。

　最後に，第2版の準備にあたっても，新世社の御園生晴彦氏と谷口雅彦氏に
は多大なご助力をいただきました。ここに感謝申し上げます。

　　2021年1月

毛利　透

第9刷にあたり，2023年までの重要な最高裁判決に関する説明を加筆しました。
　2024年2月

# 初版へのはしがき

　本書は，グラフィック［法学］の1冊として，憲法についての知識や考え方を分かりやすくお伝えしようとするものです。読者の皆さんは，高等学校までの段階でも憲法について勉強してきたことでしょう。日本の議院内閣制についてはかなりの知識を有している人が多いでしょうし，いくつかの代表的な違憲判決についてもご存知かもしれません。

　これに対し，本書は初歩的なものとはいえ，大学レベルの学問としての憲法学の体系に沿うかたちで執筆されています。憲法の各条文を深く理解するには，近代憲法の基盤となる思想である立憲主義や，日本や諸外国の憲法史をふまえて考える必要があります。特に統治機構については，おもな立憲主義諸国の制度と比較対照して考えることで，日本の制度の特色をよりよく把握することができるようになります。また，人権論の分野では，最高裁判所の判例が大きな意味を有していますが，ここでも単に判例を暗記するのではなく，その歴史的展開を，学説との協調・緊張関係の中で理解する必要があります。本書は，図表などを用い，できるだけ分かりやすくこれらの課題を果たそうと努力しています。

　私は，約20年間憲法の教育に従事してきましたが，法学を必ずしも専門にしない方々に憲法を教えることは，今なお実に難しいと感じます。しかし，憲法改正が現実的問題となりつつある今日，憲法について通り一遍以上の知識を有しておくことは，主権者国民の一員として重要なことです。さらに重要なのは，これらの知識を基盤として，具体的問題について「立憲主義的に考える」能力を養うことです。本書の学習を通じて，読者の皆さんがこのような知識・能力を高めることができれば，著者として大変うれしく思います。

　実は，本書を私の単独の名前で出版するのはかなり気が引ける，ということを申しておかなければなりません。文章は，ほぼすべてを私が最初から執筆し

ましたが，本書の特徴である，右ページで多く用いた図表については，私には
なかなかうまいアイデアが浮かびませんでした。コンピュータに向かってうな
るばかりではらちが明かないと判断し，京都大学で憲法を専攻して博士学位を
取得し，現在帝京大学法学部で教鞭をとっている（当時，第2版刊行時には岡山大
学准教授）山田哲史氏の協力を仰ぐことにしました。右ページの図表の中には，
山田氏の発案を取り入れたものが多く含まれています。

　山田氏の有する憲法学についての優れた見識と，それを分かりやすく視覚化
する発想力のおかげで，本書は何とか刊行までたどりつくことができました。
本書の内容についての責任は私のみが負いますが，山田氏には，多忙な中献身
的に協力してくださったことに，心よりお礼申し上げます。

　文章や図表について，新世社の御園生晴彦氏にも多くのご助言をいただきま
した。本書の出版を御園生さんに勧めていただいてから，もう何年も過ぎてし
まいました。御園生さんには，この場をお借りして，執筆が遅れたことをお詫
びするとともに，数々の貴重なサポートに厚く感謝申し上げる次第です。

　なお，社会権についての第9章の本文は，私が以前執筆した『VIRTUAL憲
法』（君塚正臣・藤井樹也・毛利透著，悠々社，2005年）の該当箇所の叙述を
土台にしています。本書での使用をお認めくださった悠々社には，お礼申し上
げます。また，右ページで引用した各種の記事・写真や図表につき，使用を認
めてくださった方々にも，感謝いたします。

　2014年3月

毛利　透

# ● 目　次 ●

# 凡 例

■判例表記について

　裁判所は，具体的事件の解決に際して，適用されるべき法の内容について一定の解釈を示すことがあります。特に最高裁判所が示す法解釈は「判例」と呼ばれ，その後の裁判実務において大きな影響力をもちます。憲法の条文には抽象的なものが多く，その意味の探求が解釈に委ねられている程度が高いため，判例の果たす役割が特に大きくなります。したがって，今日憲法がどのように解釈・適用されているのかを知るには，この判例を学ぶことが非常に重要になります。

　本書では，判例については法律文献で通常行われる引用法で表記しています。以下のとおりです。

最判＝最高裁判所判決（大法廷判決は最大判と表記するため，実際には小法廷判決ということになります。）

最大判＝最高裁判所大法廷判決

民集＝最高裁判所民事判例集

刑集＝最高裁判所刑事判例集

　民集と刑集は，最高裁判所が自らの下した判決の中から，判例としての価値があると考えるものを選んで掲載している判例集です。

例：最大判昭和 53・10・4 民集 32 巻 7 号 1223 頁とは，最高裁判所大法廷が昭和 53 年 10 月 4 日に下し，最高裁判所民事判例集の 32 巻 7 号 1223 頁以下に判決文が掲載されている判決，という意味です。

　本書が引用しているその他の判例集の略記は，以下のとおりです。

行集＝行政事件裁判例集

下刑集＝下級裁判所刑事裁判例集

判時＝判例時報

判タ＝判例タイムズ

　まだ判例集に載っていない最新の判決は，最高裁判所のウェブサイトから見ることができます。

　なお，「判決」とは，訴訟について裁判所が最終的に下す判断のことです。この他に，訴訟過程での証拠の取捨や親族間の紛争についての家事審判などについて裁判所が態度を示す場合もありますが，これらは「決定」と呼ばれます。

■条，項，号，前段，後段，但し書き，条文のかな遣いなどについて

　憲法も含め，法律の文章はまず条ごとに区分され，各条の中ではさらに項によって区分されます。

　憲法 14 条を例にして述べると，その 1 項が「すべて国民は，法の下に平等であつて，人種，信条，性別，社会的身分又は門地により，政治的，経済的又は社会的関係において，差別されない。」という文になります（本書の BOX 中では①，②，…と項に番号を振っています（65 頁参照））。項の内容が大きく 2 つに分けられる場合，それぞれ前段・後段といいます。この 14 条 1 項では，「人種，信条，…」以下の部分が後段ということになり，人種などの列挙された内容を 14 条 1 項後段列挙事由と呼ぶのです。

　また，法律中ではしばしば，いくつかの要件や権限などを，番号をつけて列挙することがあります。この場合に，それぞれの項目に振られる番号を号といいます。憲法 7 条は天皇の国事行為を列挙していますが，たとえば 7 条 2 号は国会の召集を挙げていることになります（31 頁参照）。

# 憲法を読む前に
―――憲法の基礎知識―――

■フランス人権宣言（人間と市民の権利の宣言。1789 年）■

（ジャン゠ジャック・フランソワ・ル・バルビエ画）

　今日，ほとんどの国には「憲法」と呼ばれる法があり，日本にも「日本国憲法」が存在します。この「憲法」は，他のすべての法よりも上位に位置する最高法規であり，一般の法律や命令（法的な専門用語としては，行政機関が制定する法規範のことを指します），条例などはこの憲法の内容に反することは許されません。このように，成文法規のかたちで存在している憲法のことを「形式的意味の憲法」といったりします。

　「形式的」と対になる概念は「実質的」です。憲法についても，「実質的意味の憲法」という概念があり，これは国家の統治制度の基本的な定めのことを指します。この意味での憲法は，どの国にも存在するということになります。たとえばイギリスには成文法規としての憲法はありませんが，実質的意味の憲法は慣習法や法律というかたちで存在します。

　これに対して，形式的意味の憲法が制定されるようになったのは，アメリカやフランスで市民革命が起きる近代になってからのことです。これは，形式的意味の憲法を制定し，それによって国の政治を行うという考え方自体が，近代的な思考の産物であることを示しています。

　近代より前には，社会の秩序はずっと昔から存続してきたものであって，人間が変えられるものではないと思われていました。そこでは，人を生まれによって区別して扱う身分制が社会の当然の仕組みだとされていました。王様の子どもが次の王様になるのも当然のことですから，それを改めて根拠づける成文法は必要なかったのです。しかし，このような身分制に基づく封建的社会秩序に対し，近代啓蒙思想は疑問を投げかけるようになります。人間を生まれによって区別する理由はなく，すべての個人は自由かつ平等な存在として扱われるべきではないか。そうだとすれば，国家の統治機構も，昔からあるというだけでは国民を支配する正当性を有するとはいえず，そのような自由な個人の集合体としての国民が意識的に構築したものとして考える必要が出てきます。まさにこのような，国民による意識的な国家構築の手段が，形式的意味の憲法を制定することでした。だからこそ，この憲法は，構築された国家機関によって制定される他のすべての法規範よりも優越する地位を占めるとされるのです。

図 0-1　憲法は他のすべての法よりも上位に位置する

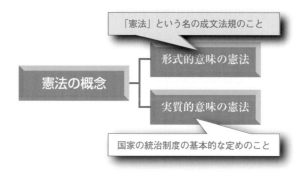

図 0-2　2 種類の憲法の概念

すべての個人は
自由かつ平等な
存在として扱わ
れるべきだ。

国家の統治機構
もそうした自由
な個人の集合体
である国民が意
識的に構築すべ
きだ。

**近代啓蒙思想
（17 世紀後半（西欧））**

それまでの絶対主義国
家における封建的社会
秩序への疑問

**形式的意味の
憲法制定へ**

図 0-3　近代的思考の産物としての憲法

　このように，憲法制定によって国を構築しようという考え方は，すべての個人が生まれながらにして自由かつ平等であるという自然権思想を基礎にしていました。それらの個人は，国家のない状態では自然の自由を享受していますが（自然状態），しかし国家がなければ自由を濫用する犯罪者を取り締まることもできません。そこで，彼らは互いに契約を結んで国家を設立し，それに人々を強制できるだけの権力を与えて，社会の秩序を保つことを可能にしようとします。これが，近代国家の統治権力を説明する社会契約論の論理です。形式的意味の憲法は，この社会契約が実定法として現れたものということができます。

　重要なのは，近代国家は，それ自体が価値あるものであって人々に服従を強要できる，というわけではないということです。国家を設立するのは，諸個人の自由のよりよき実現のためです。したがって，国家の権力行使は，そのような目的のために行われなければなりません。そして，国家自身が国民の自由・平等を不当に制約することは，許されません。憲法は，国家権力を作り出すとともに，その権力行使に歯止めをかけることを主たる目的としています。このように，憲法によって国家権力を限定し，国民個人個人の権利を確保しようとする考え方のことを「立憲主義」と呼び，この考え方に基づく憲法を「近代的意味（立憲的意味）の憲法」と呼びます。

　近代的意味の憲法，立憲主義に基づく憲法といえるためには，国民に基本的な諸権利が保障されている必要があり，さらに国家権力がいくつかの機関に分配され，独裁的権力者の出現が防止されていることが必要です。これらは，日本国憲法においても中心的内容となっています。

　憲法上保障されるべき基本的な権利としては，アメリカ合衆国憲法やフランス人権宣言以来，すべての個人の平等と，財産権などの経済活動の自由，宗教や表現の自由などの精神的自由，そして不当な身体拘束を防ぐ人身の自由が挙げられてきました。また，権力分立としては，国家権力を，法を定立する立法権，法を執行する行政権，法的紛争を解決する司法権の三権に区分し，それらを異なった機関に配分するという内容が，やはり多くの国の憲法で定められてきました。もっとも，具体的にどの機関にどのような権限を配分するかについ

## ホッブズ (Thomas Hobbes, 1588〜1679)

——イギリスの哲学者。主著『リヴァイアサン』(1651)

自然状態においてすべての人は自然権を有するが，そのままでは各人の自然権の主張によって「万人の万人に対する闘争」が生じてしまう。そこで，この自然状態を脱し平和を確保するため，各人が互いに契約を結んで，自然権を国王に譲渡して絶対的な国家権力を打ち立てることが必要である。

## ロック (John Locke, 1632〜1704)

——イギリスの政治思想家。主著『市民政府二論』(1689)

自然状態では各人が生命・自由・財産への自然権を有しており，人々はその保護を十分確保するために契約を結んで国家を樹立する。ただし，国家の下でも各人は自然権を手放すわけではなく，限定的な権力を信託するにとどまる。国家がこの信託を破って権力を行使した場合には，国民は抵抗権を行使できる。

## ルソー (Jean-Jacques Rousseau, 1712〜1778)

——フランスの啓蒙思想家。主著『社会契約論』(1762)

各人が自然状態で有する自由を十分保障するために社会契約で国家を構築するが，国家権力の下でも自然状態と同等の自由が保障されなければならない。そのために，全人民が全人民の共同の利益を追求して示す一般意思が，国政を決定する必要がある。

## キーワード ● 自然法と実定法

　自然法とは，自然のうちに存在する正しい法であって，人間のつくる法を導くべきものだと考えられました。近代的自然法は，個人の自然権をその内容とします。これに対し，各国の立法機関が人為的に制定する法を実定法と呼びます。

ては，国ごとに大きな相違があります。ただ，各国の憲法が共通の原理に基づいているということは，しっかり理解しておくべき事柄です。

## 0.3 近代憲法の限界と憲法の現代化

　近代的意味の憲法は，アメリカやフランスの市民革命を契機として誕生し，その後各国に広まっていきました。この段階では，憲法が保障する権利として主に想定されていたのは平等権と自由権であり，諸個人が差別されず自由に生きることを確保するのが国家の役割だと考えられていました。ただし，実際には，人々の間での不平等は一朝一夕にはなくなりませんでした。女性は長い間男性と同じ権利を有するとは考えられず，財産法や家族法において男性に従属するものと位置づけられていました。また，実際の政治が国民の意向に従って行われることを確保するために重要な選挙権も，女性や貧しい人々には認められませんでした。アメリカなどでは，人種差別も残っていました。これらの差別は，自由と平等を実現しようとする人々の粘り強い努力によって徐々に克服されていったのです。

　また，19 世紀に資本主義経済が発展していくと，貧富の差が激しくなり，劣悪な環境での暮らしを余儀なくされる労働者が抗議の声をあげ始めます。財産のない者は，資本家のいう条件で労働力を提供するしかなく，形式的には認められている自由を思うように行使する余裕はありません。そこで，労働者は労働組合を結成するなどして，より実質的な権利保障を求め始めました。これに対応して，国家は現実社会で生きる人々の暮らしを向上させるために，積極的に経済活動に介入すべきだという考えが強まっていきます。このような国家のあり方を福祉国家・社会国家と呼びます。

　このような考えは，憲法の内容にも影響を与えます。国民に保障されるべき基本的権利に，人々の実際の生活を向上させるよう国家に請求できる，社会権と呼ばれる権利も含まれると考えられるようになってきたのです。アメリカ合衆国憲法のように，200 年以上前に制定された憲法には社会権規定はありませんが，日本国憲法は 25 条などで社会権規定を取り入れており，現代的特徴を有する内容となっています。

表 0-1　選挙権拡張の歴史（日本）

| 改正年 | 明治 22 年<br>（1889 年） | 明治 33 年<br>（1900 年） | 大正 8 年<br>（1919 年） | 大正 14 年<br>（1925 年） | 昭和 20 年<br>（1945 年） | 平成 27 年<br>（2015 年） |
|---|---|---|---|---|---|---|
| 形態 | 制限選挙 | | | 男子普通選挙 | 完全普通選挙 | 完全普通選挙 |
| 有権者の条件 | 満 25 歳以上の男子 | 同左 | 同左 | 同左 | 満 20 歳以上の男女 | 満 18 歳以上の男女 |
| 納税要件 | 直接国税15 円以上 | 直接国税等10 円以上 | 直接国税3 円以上 | 納税要件なし | 納税要件なし | 納税要件なし |
| 有権者の総人口比 | 約 1.1% | 約 2.2% | 5.4% | 20.1% | 51.2% | 約 84% |

（注）　昭和 20 年の有権者の人口比は法改正直後の衆議院議員総選挙時のもの。
（出所）　衆議院・参議院（編）『目で見る議会政治百年史』（大蔵省印刷局,1990 年）。平成 27 年分は加筆。

ただし，現代的内容を取り込んでいるからといって，日本国憲法が近代的意味の憲法としての性質を失ったわけではありません。憲法の中心的内容はあくまでも自由権の保障であり，国家が「お金も出すが口も出す」とばかりに個人の生き方に干渉することは許されません。社会権規定は，個人の自由な生き方を実質的に可能にするための権利として理解すべきでしょう。

## 0.4　憲法の分類論

　憲法については，その他にもいくつかの分類論が語られることがあります。まず，憲法制定者が誰であるかに応じて，民定憲法と欽定憲法とが区分されます。民定憲法とは国民が制定した憲法であり，欽定憲法とは君主が制定した憲法です。アメリカやフランスでは，市民革命後にまず国民の手によって民定憲法が制定されました（表0-2）。国民が近代的意味の憲法を制定できるというのは，これまで述べてきたことからして当然でしょう。これに対し，君主は当初，成文憲法を制定するということ自体に警戒的でした。それは，これまで当然とみなされてきた社会秩序を再考する機会となってしまうからです。

　しかし，19世紀の半ばには，革命が成功しなかった多くの国でも，政治から排除されてきた市民層から憲法制定の要求が高まり，君主もこれを無視することができなくなりました。そこで，国民の生まれながらの権利の現れとしてではなく，君主が国民への恩恵として憲法を制定することが増えてきました。これが欽定憲法と呼ばれるものです。大日本帝国憲法もこの欽定憲法にあたります。欽定憲法は，一応権利保障や権力分立を内容としていますが，立脚している基本原理において，民定憲法と異なるものでした。

　なお，憲法が君主制を残していても，君主の地位が憲法制定権を有する国民の決定に基づくものであるときには，その憲法は民定憲法といえます。日本国憲法がその例です。

　また，憲法は改正のしやすさに着目して硬性憲法と軟性憲法に分類されることもあります。硬性憲法とは，通常の法律よりも改正要件が加重されている憲法のことで，軟性憲法とは法律と同じ手続で改正できる憲法のことです。とはいえ，憲法の最高法規性を実質的に確保するには，その改正に法律よりも高い

表 0-2　憲法制定に関する歴史上のできごと

| | |
|---|---|
| 1215 年　マグナ・カルタ（大憲章）の成立（英） | イギリスに |
| 1628 年　権利の請願（英） | おける実質 |
| 1642 年　清教徒革命（英）王制廃止へ（1649 年 ➡ 1660 年に王政復古） | 的意味の<br>憲法の |
| 1688 年　名誉革命（英）➡ 1689 年権利章典 | 成立過程 |

1775 年〜　アメリカ独立戦争 ➡ 1776 年アメリカ独立宣言

**1788 年　アメリカ合衆国憲法制定**

**1789 年　フランス革命勃発・フランス人権宣言**
　　　　91 年憲法（立憲君主制）・92 年王制廃止
　　　　・99 年ナポレオンによるクーデター（1804 年に皇帝に）
　　　　1814 年ナポレオンの敗北・王政復古

1830 年　7 月革命（フランス・立憲君主制へ）

1848 年　2 月革命（フランス・共和政へ）➡ その後，ナポレオン 3 世による帝政に移行
　　　　3 月革命（ドイツなど）

> アメリカ・<br>フランスに<br>おける民定<br>憲法の制定

　　　　ドイツでは，フランクフルト国民議会 ➡ 49 年，統一ドイツのための
　　　　フランクフルト憲法の制定。しかしプロイセン王の皇帝位拒絶により挫折

**1850 年　プロイセン憲法の制定**

**1871 年　ドイツ統一・ドイツ帝国憲法（ビスマルク憲法）の制定**

> ドイツに<br>おける<br>欽定憲法<br>の制定

　　　　フランスではパリ・コンミューンの成立，その弾圧後に第 3 共和政発足（1875）

1889 年　大日本帝国憲法（アジア初の憲法）

1914 年　第一次世界大戦勃発（〜18 年）

**1917 年　ロシア革命 ➡ 1918 年　ロシアで初の社会主義憲法制定（1924 年にソ連憲法）**

**1919 年　ワイマール憲法制定**

1933 年　ナチス（国家社会主義ドイツ労働者党）が政権掌握

1939 年　第二次世界大戦勃発（〜45 年）

1946 年　日本国憲法制定・フランス第 4 共和政憲法

**1949 年　ドイツ連邦共和国基本法制定**

**1958 年　フランス第 5 共和政憲法**

1989 年　ベルリンの壁崩壊・東欧諸国で立憲主義憲法制定へ

1990 年　ドイツ再統一

1991 年　ソヴィエト連邦崩壊

1993 年　EU（欧州連合）の創設（マーストリヒト条約）による欧州統合の進展

2004 年　欧州憲法条約が調印されるも，フランスとオランダの国民投票で否決され不成立に終わる。その後，統一国家性を薄めたリスボン条約が成立に至る。

要件が課されている必要があります。したがって，成文憲法をもつほとんどの国では，憲法は硬性です。

　ただ，一口に硬性憲法といっても，法律制定と憲法改正の要件がどの程度違うかは，国によってまちまちです（第15章表15-1参照）。また，実際の改正の頻度は，政治状況によって左右されるところが大きく，改正要件と必然的関連はありません。日本国憲法の改正要件は，後で述べるようにかなり厳しいものですが，日本で憲法改正が行われてこなかったのがこの要件のせいだというのは，少々軽率な判断でしょう。日本国憲法の改正手続については，第15章で詳しく説明します。

第1章

# 日本国憲法とは
——その歴史と構成——

【本章で解説する部分】

## 1.1 大日本帝国憲法と第二次世界大戦での敗戦

　日本の最初の成文憲法は，1889年（明治22年）に明治天皇によって発布された大日本帝国憲法（明治憲法）です。これは，藩閥政府に対する自由民権運動からの議会開設要求を受けて制定されたものでした。法的には，元来日本の統治権を天皇が有していること（天皇主権）を前提にしつつ，その天皇が国民（「臣民」と呼ばれました）に対し，恩恵として一定の権利と政治参加の機会を与えることを，主たる内容としていました。典型的な欽定憲法といえます。

　議会は開設されましたが，立法権の主体とされたわけではなく，あくまでも天皇自身の立法権行使に「協賛」するものとの位置づけでした。そして，帝国議会は対等な地位を有する貴族院と衆議院からなり，国民から選挙で選ばれるのは衆議院だけでした。また，天皇の権限として，議会の同意を必要としない，いわゆる大権事項が広く認められていました。その重要なものの一つが，緊急勅令や独立命令として認められた，法律によらずに国民の自由を制約できる命令権であり，もう一つが後に述べる軍に関する権限です。

　明治憲法は内閣についての定めをもたず，国務各大臣による天皇の輔弼（補佐）のみを定めていました。これは，集団としての内閣が強い権限をもち，特にそのトップに立つ内閣総理大臣（首相）が天皇の権限を脅かすようになることを防ぐための意識的な選択であり，内閣総理大臣は官制と呼ばれた行政組織に関する命令上の存在にすぎませんでした。また，大臣の任命権は天皇にのみあり，議会の参画は求められていませんでした。

　さらに，議会と内閣の権限は，軍に特別の地位が与えられたことにより制約されていました。軍の統帥権，編成権，そして宣戦・講和の権限は天皇の大権とされ，議会の関与は排除されました。さらに統帥権については，国務大臣の輔弼からも独立に行使されるという憲法制定以前からの慣行が，憲法施行後も維持されました（統帥権の独立）。統帥権とは，本来は戦時の作戦用兵についての権限のことですが，後に拡大解釈され，軍が政治に介入する口実として使われていきます。

　司法権は，裁判所が天皇の名において行うとされました。裁判の独立は，明治憲法下でもかなり遵守されたといえます。しかし，行政事件は通常の裁判所

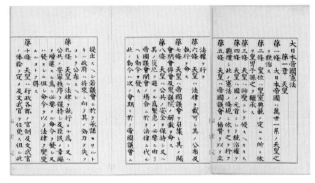

（出所）　国立公文書館デジタルアーカイブ

図 1-1　大日本帝国憲法（御署名原本）

表 1-1　大日本帝国憲法と日本国憲法の構成の比較

| 大日本帝国憲法（1890 年 11 月 29 日施行） | 日本国憲法（1947 年 5 月 3 日施行） |
|---|---|
| 告　文 | 前　文 |
| 第 1 章　天　皇（第 1 条－第 17 条） | 第 1 章　天　皇（第 1 条－第 8 条） |
| 第 2 章　臣民権利義務（第 18 条－第 32 条） | 第 2 章　戦争の放棄（第 9 条） |
| 第 3 章　帝国議会（第 33 条－第 54 条） | 第 3 章　国民の権利及び義務（第 10 条－第 40 条） |
| 第 4 章　国務大臣及枢密顧問（第 55・56 条） | 第 4 章　国　会（第 41 条－第 64 条） |
| 第 5 章　司　法（第 57 条－第 61 条） | 第 5 章　内　閣（第 65 条－第 75 条） |
| 第 6 章　会　計（第 62 条－第 72 条） | 第 6 章　司　法（第 76 条－第 82 条） |
| 第 7 章　補　則（第 73 条－第 76 条） | 第 7 章　財　政（第 83 条－第 91 条） |
| | 第 8 章　地方自治（第 92 条－第 95 条） |
| | 第 9 章　改　正（第 96 条） |
| | 第 10 章　最高法規（第 97 条－第 99 条） |
| | 第 11 章　補　則（第 100 条－第 103 条） |

ではなく行政裁判所の管轄とされ，この行政裁判所が東京に1つしか設置されなかったこともあって，行政権からの権利侵害に対する裁判による救済には不十分な点が残りました。また，裁判所には違憲審査権は認められていませんでした。

　国民の権利について見ると，明治憲法は古典的自由権の多くを保障していましたが，それらは法律の留保の下にありました。つまり，法律によってすれば，これらの権利も制約可能だということです。実際，表現の自由は出版法や新聞紙法などによって大きく制限されていました。さらに1925年（大正14年）に制定された治安維持法は，「国体」（多義的な用語ですが，法的には天皇が日本の統治権を総攬することであると解されました）の変革や私有財産制度の否認を目的とする結社を禁止するもので，その後政府の政策に反対する主張を厳しく弾圧するために使われました。

　明治憲法下で，政府は当初，議会の主張に耳を貸さない「超然主義」を標榜しましたが，次第に議会との協調を模索するようになります。大正から昭和初期にかけては，衆議院の有力政党の党首が首相となり，自党の議員を中心に内閣を形成する，政党内閣の慣行が成立するに至ります。しかし，世界恐慌の中で日本経済も苦境に陥る中，軍部による強硬なアジア大陸進出策に活路を見出そうとする主張が強まり，政党内閣への支持は揺らぎます。軍の一部は1932年（昭和7年）の5・15事件で犬養毅首相を暗殺するに至り，ここに政党内閣は終焉することになりました。さらに，1936年（昭和11年）には2・26事件も起きて，軍の影響力はますます強大化します。また，1933年（昭和8年）の京大事件（滝川事件），1935年（昭和10年）の天皇機関説事件など，学問の自由や表現の自由への弾圧も厳しくなっていきました。

　中国大陸で戦闘が持続する中，1938年（昭和13年）には国家総動員法が制定されて国民の自由はますます制約されることになり，さらに1940年（昭和15年）には既存の政党が自主的に解散して大政翼賛会が結成されました。こうして，議会は政府や軍に対する歯止めとしての役割を放棄するに至ります。1941年（昭和16年）12月には，アメリカなどとの太平洋戦争が開始されました。この戦争は，多大な犠牲者を生んだ末に，1945年（昭和20年）8月のポツダム宣言受諾で，日本の敗北で終わることになります。

## クローズアップ 1-1● 京大事件（滝川事件：1933 年）

　京都大学法学部で刑法を担当する教授であった滝川幸辰（ゆきとき）（1891-1962）が，その学説が自由主義的すぎるとして，著作を発売禁止にされるとともに，文部省により休職処分とされた事件。京大法学部は一方的な休職処分に抗議し，全教官が辞表を提出する事態となりました。大学の自治の慣行が大きく揺るがされるできごとでした。

## クローズアップ 1-2● 天皇機関説事件（1935 年）

　東京大学法学部で憲法を担当する教授であった美濃部達吉（1873-1948）の，国家を法人ととらえ，天皇主権とは天皇がその法人の最高機関であることを意味するという学説が，日本の国体に反するものであると批判され，著作が発売禁止とされた事件。美濃部は東大退官後就任していた貴族院議員の辞職に追い込まれ，さらに右翼に襲撃されます。この事件の後，憲法についての自由な研究は不可能となりました。

## 1.2 日本国憲法制定の経緯

　ポツダム宣言は，日本に対し軍国主義の除去や民主主義的傾向の復活強化を求め，さらに「日本国国民の自由に表明せる意思」に従う政府が樹立されることを要求していました。敗戦後，連合国軍（実態はアメリカ軍）による占領が開始され，日本政府は連合国軍最高司令官ダグラス・マッカーサーに従属することになります。連合国軍総司令部（GHQ）は日本政府に，ポツダム宣言実施のためには憲法改正が必要であると示唆し，政府内で改正の検討が始まります。

　内閣は，松本烝治（元東京大学教授）を委員長とする憲法問題調査委員会（松本委員会）を設置して検討にあたります。そこでは，天皇が統治権を総攬するという明治憲法の基本原則は維持することを大前提としつつ，議会権限を拡大するという方針で作業が進められました。ところが，委員会が GHQ に提出する案をまとめる前の 1946 年（昭和 21 年）2 月 1 日に，草案の一つがある新聞でスクープされ，GHQ の知るところとなります。GHQ はこの案は保守的すぎて容認できないと考え，自ら草案作りに着手することになります。

　マッカーサーは，天皇は元首であって憲法に基づき権限を行使すること，戦争放棄・戦力不保持，封建制度の廃止などを内容とする 3 原則，いわゆるマッカーサー・ノートを提示して，それを取り入れたかたちで憲法草案を作成するよう命じます。こうして GHQ 内部で作成された草案（GHQ 草案，あるいはマッカーサー草案）は，国民主権，基本的人権の尊重，平和主義という基本原則を含んだものであり，日本国憲法の出発点となります。

　松本委員会の案が提出された後，GHQ は，それには満足できないとして，日本側にマッカーサー草案を提示しました（2 月 13 日）。主権原理の転換を含む内容に日本側は驚愕しますが，政府は結局これを受け入れることとし，それを元にした日本政府としての草案を作成し，1946 年 3 月 6 日に公表しました。同年 4 月に行われた戦後最初の衆議院議員総選挙を経て，6 月に憲法改正案が帝国議会に提出されることになります。政府案は憲法を丸ごと，しかも主権原理をまったく異にするものへと取り替えるものでしたが，あくまでも明治憲法の改正案として，改正手続に沿って扱われたのです。議会両院で可決された新憲法は，1946 年 11 月 3 日に公布され，翌年 5 月 3 日に施行されました。

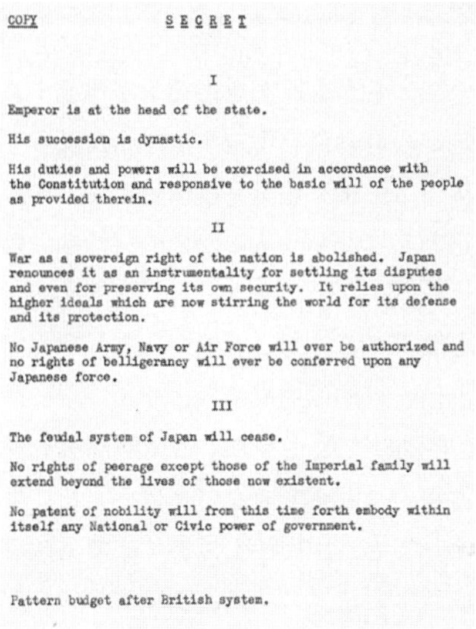

SECRET

I

Emperor is at the head of the state.

His succession is dynastic.

His duties and powers will be exercised in accordance with the Constitution and responsive to the basic will of the people as provided therein.

II

War as a sovereign right of the nation is abolished. Japan renounces it as an instrumentality for settling its disputes and even for preserving its own security. It relies upon the higher ideals which are now stirring the world for its defense and its protection.

No Japanese Army, Navy or Air Force will ever be authorized and no rights of belligerancy will ever be conferred upon any Japanese force.

III

The feudal system of Japan will cease.

No rights of peerage except those of the Imperial family will extend beyond the lives of those now existent.

No patent of nobility will from this time forth embody within itself any National or Civic power of government.

Pattern budget after British system.

Ⅰは天皇の地位や権限について述べています。天皇は国の元首であり，その地位は世襲であること，天皇の権限行使は憲法に従うべきことなどです。

Ⅱは，憲法9条の基になった重要な部分で，日本は，自国の安全を維持するための手段としての戦争をも放棄する，となっています。軍隊の不保持や交戦権の否認も求めています。ただし，自衛戦争をも放棄するとの明文は，GHQ草案からはすでに削られていました。

Ⅲは封建制度廃止，華族の地位・権限の限定を求めたうえで，予算制度はイギリスの例にならうべきと述べています。

（出所）　国立国会図書館ウェブサイト

図1-2　マッカーサー・ノート

## クローズアップ1-3● 憲法制定過程年表

**1945年（昭和20年）**
　10月4日　マッカーサーが近衛文麿に憲法改正を示唆。
　10月27日　憲法問題調査委員会（松本委員会）が憲法改正につき調査。
　　　　　　（〜1946年2月）
　12月26日　憲法研究会（民間の研究会）が「憲法草案要綱」を発表。
**1946年（昭和21年）**
　2月1日　毎日新聞が「松本委員会試案」をスクープ。
　2月3日　マッカーサーが3原則を提示，GHQ民政局に憲法草案の作成を指示。
　2月8日　日本政府がGHQに「憲法改正要綱」を提出。
　2月13日　GHQは要綱を拒否，日本側にGHQ草案を手渡す。
　3月6日　日本政府，GHQとの協議に基づいた「憲法改正草案要綱」を発表。
　4月10日　衆議院議員総選挙（初の男女普通選挙）。
　4月17日　日本政府がひらがな口語体の「憲法改正草案」を発表。
　6月20日　第90回帝国議会に憲法改正案を提出。
　10月7日　帝国議会で，修正を加えた案を最終的に可決し審議終了。
　11月3日　日本国憲法公布。
**1947年（昭和22年）**
　5月3日　日本国憲法施行。

（出所）国立国会図書館ウェブサイト「日本国憲法の誕生」年表より作成。

　このように，日本国憲法は占領下において，しかも原案を占領軍が作成するという仕方で成立したものであったため，その有効性を否定する主張が長らく存在します。また，天皇主権から国民主権へと主権原理を完全に転換する内容であったため，このような転換を憲法改正としてなしうるのかについても，疑問の声が寄せられてきました。

　しかし，占領下であっても日本の法令を改正することは可能であり，そうでなければポツダム宣言を実施するという占領の目的は達成できません。現に，占領期には非常に多くの法令がGHQの意を受けて改正され，占領解除後も妥当しています。だとすれば，憲法だけは占領中は改正できないとはいえないでしょう。また，原案を占領軍が作成したとしても，国内法上はあくまでも政府が憲法改正にあたっていたのであり，作成された法案の国内法上の有効性を左右するものではありません。

　理論的により重大な問題は，主権原理の転換にもかかわらず憲法改正手続がとられたという事実が，どのように説明可能かです。政府は，憲法は改正手続をとればどのようにでも改正可能であるという改正無限界説をとり，この点をクリアーしました。確かに，そう考えられれば問題は生じません。しかし，学説上は，憲法改正手続はあくまで天皇主権に基づく明治憲法が定めたものであり，それは主権原理そのものを転換して憲法の規範性の根拠を変えてしまうことまで許容するものではないとの考え（改正限界説）が有力でした。

　では，主権原理を根本的に変革する憲法改正は無効だということになるのでしょうか。もちろん，そのような主張もなされました。しかし，主権原理が転換した場合，なぜ時間的に先行する原理の方を優先する必要があるのか，つまり，なぜ先の憲法の主権原理を基準にして後の憲法の有効性を判断する必要があるのか，という疑問が生じます。結局，主権原理の転換を認めない日本国憲法無効論は，明治憲法の天皇主権が日本にふさわしい主権のあり方であるという政治的判断を行っているのです。しかし，この政治的判断は，法的主張の根拠とできるものではありません。

　主権原理の転換は，世界史の中で何度も，革命というかたちで生じました。

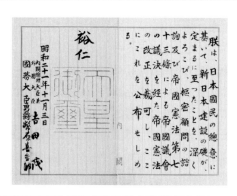

図1-3　日本国憲法（御署名原本）

**参考資料■大日本帝国憲法の憲法改正に関する条文**

【第7章　補則】

**第73条**　将来此ノ憲法ノ条項ヲ改正スルノ必要アルトキハ勅命ヲ以テ議案ヲ帝国議会ノ議ニ付スヘシ

　　2　此ノ場合ニ於テ両議院ハ各々其ノ総員三分ノ二以上出席スルニ非サレハ議事ヲ開クコトヲ得ス出席議員三分ノ二以上ノ多数ヲ得ルニ非サレハ改正ノ議決ヲ為スコトヲ得ス

憲法学説の多くは，日本国憲法制定においても革命が生じたのだと考えています。ただし，その革命は日本国憲法制定過程で起きたのではなく，ポツダム宣言受諾の時点で生じていた，と考えるのです。これが，八月革命説です。つまり，日本国民が自由に表明する意思に従って政府を構築すべきことを内容とするポツダム宣言を受諾するということは，日本統治の根本的権限が国民に存在すること，つまりは国民主権を認めることを意味するから，この時点で天皇主権は放棄された，というのです。日本国憲法は，この，敗戦以来実はすでに妥当していた国民主権を成文法化するものであり，憲法改正の手続がとられたのは便宜上の配慮からに過ぎない，ということになります。

　八月革命説にはいくつかの批判も寄せられていますが，日本国憲法の明治憲法との断絶を明確にしつつ，その成立過程をうまく説明するものとして，学説上の支持を集めてきました。

　ただ，八月革命説は，ポツダム宣言受諾という国際法上の行為が，直接国内法の基本原理の変更をもたらしたと考えるため，国民は一夜にして，自覚のないままに主権者となったということになります。この点での不自然さは否めません。そのため，帝国議会での憲法改正審議の中で，日本国憲法を制定するというかたちで主権者たる国民の意志が顕現したと考える説も主張されています。

## 1.4　日本国憲法の基本原理——前文の理解

　日本国憲法は長めの**前文**を有しており，そこに同憲法の基本的諸原理が書き込まれています（BOX 1）。第1段落でまず，自由の恵沢を確保すること，戦争の惨禍を起こさないこと，及び主権が国民に存することが宣言されます。これらは，基本的人権の尊重，平和主義，国民主権という日本国憲法の3つの原理を宣言するものです。**前文**は続いて，憲法が人類普遍の原理に基づくこと，裏返せば日本固有の政治原理に基づくものではないことを明確にしています。これは，日本国憲法が近代の世界史の中で発展してきた立憲主義の思想に立脚していることを示しています。

　第2段落では，日本が恒久の平和を念願し，国際関係における日本の安全と生存を，諸国民の公正と信義への信頼によって確保しようとする決意が述べら

□□□ BOX 1——日本国憲法　前文

　日本国民は，正当に選挙された国会における代表者を通じて行動し，われらと
われらの子孫のために，諸国民との協和による成果と，わが国全土にわたつて自
由のもたらす恵沢を確保し，政府の行為によつて再び戦争の惨禍が起ることのな
いやうにすることを決意し，ここに主権が国民に存することを宣言し，この憲法
を確定する。そもそも国政は，国民の厳粛な信託によるものであつて，その権
威は国民に由来し，その権力は国民の代表者がこれを行使し，その福利は国民が
これを享受する。これは人類普遍の原理であり，この憲法は，かかる原理に基
くものである。われらは，これに反する一切の憲法，法令及び詔勅を排除する。
　日本国民は，恒久の平和を念願し，人間相互の関係を支配する崇高な理想を
深く自覚するのであつて，平和を愛する諸国民の公正と信義に信頼して，われら
の安全と生存を保持しようと決意した。われらは，平和を維持し，専制と隷従，
圧迫と偏狭を地上から永遠に除去しようと努めてゐる国際社会において，名誉
ある地位を占めたいと思ふ。われらは，全世界の国民が，ひとしく恐怖と欠乏か
ら免かれ，平和のうちに生存する権利を有することを確認する。
　われらは，いづれの国家も，自国のことのみに専念して他国を無視してはなら
ないのであつて，政治道徳の法則は，普遍的なものであり，この法則に従ふこ
とは，自国の主権を維持し，他国と対等関係に立たうとする各国の責務であると
信ずる。
　日本国民は，国家の名誉にかけ，全力をあげてこの崇高な理想と目的を達成す
ることを誓ふ。

れます。さらに，全世界の国民が平和のうちに生存する権利を有すると確認されています。この段落は，平和主義との関連で議論の対象となることが多く，すぐ後で改めて取り上げます。

　第3段落は，改めて政治道徳の普遍性に言及し，自国中心主義を否定します。

　最後に第4段落は，日本国民が前文の掲げる崇高な理想と目的を達成するという決意を語っています。

　この前文は，憲法の基本原理を語っているという意味で重要ですが，抽象的内容であり，その法的効力については議論があります。ただ，憲法の一部分であることは確かなので，憲法としての効力を否定することはできないでしょう。問題は，その内容が他の法規範を規律できるような具体性を有しているかどうかです。この点で，第2段落が規定する平和のうちに生存する権利，いわゆる平和的生存権が議論の対象となってきました。

　平和的生存権は，憲法第3章が定める権利とは異なり，前文で，しかも「全世界の国民」が保有する権利として挙げられています。このような規定の仕方からして，この権利は裁判で救済を求められるような具体的権利ではなく，憲法が理想とする国際関係の理念を語っているものだという理解が有力です。これに対しては，憲法が権利として定めている以上，それは具体的な内容をもつ権利として理解すべきであり，戦争遂行への加担を強要されない権利などとして理解することが可能だ，という主張もなされています。

## 1.5　第10章「最高法規」について

　憲法は「最高法規」という名前の第10章を有しています（BOX 2）。ただ，憲法が効力において他のすべての法令より優越するという最高法規性そのものを宣言する条文（98条1項）の前に，憲法が保障する基本的人権を「侵すことのできない永久の権利」だとする97条が置かれています。この条文配置は，基本的人権を保障する内容を有していることが，憲法が最高法規である実質的根拠なのだということを意味します。ここでは，立憲主義に立脚するからこそ，憲法が最高法規とされる価値を有するのだという連関が示されています。

　98条2項は，日本が国際法規を遵守すべきことを規定しています。これは

□□□ BOX 2──日本国憲法　第 10 章　最高法規

第 97 条【基本的人権の性質】　　この憲法が日本国民に保障する基本的人権は，人類の多年にわたる自由獲得の努力の成果であつて，これらの権利は，過去幾多の試錬に堪へ，現在及び将来の国民に対し，侵すことのできない永久の権利として信託されたものである。

第 98 条【憲法の最高法規性，条約及び国際法規の遵守】　①　この憲法は，国の最高法規であつて，その条規に反する法律，命令，詔勅及び国務に関するその他の行為の全部又は一部は，その効力を有しない。
　②　日本国が締結した条約及び確立された国際法規は，これを誠実に遵守することを必要とする。

第 99 条【公務員の憲法尊重擁護義務】　　天皇又は摂政及び国務大臣，国会議員，裁判官その他の公務員は，この憲法を尊重し擁護する義務を負ふ。

## クローズアップ 1-4● 条約による人権保障について

　第二次世界大戦後に設立された国際連合は，全体主義国家によってなされた非人道的行為への反省から，人権保障の拡充を目的の一つとしています。1948 年（昭和 23 年）の世界人権宣言は，条約ではありませんが，世界各国が共通に遵守すべき人権内容を示すものとして大きな意味をもちました。その後，2 種類の国際人権規約が発効し，また女性差別撤廃条約や人種差別撤廃条約など個別領域の人権条約も成立しています。

　日本はこれらの条約多くの加盟国となっており，国際的にも人権保障を義務づけられています。ただ，日本の裁判所は，法律の「条約適合性審査」を独自に行うことには，違憲審査の場合以上に慎重であるように見えます。

当然のことではあるのですが，第二次世界大戦後の日本が再出発にあたって国際法を遵守する姿勢を明確にするという意味をもちました。この条文を一つの根拠として，条約は国内法としては，通常の法律よりも高い効力を有すると解されています。とはいえ，条約も憲法に反することはできません。

99条は，公務員の憲法尊重擁護義務を定めます。これも当然のことではありますが，憲法が最高法規であり，さらに内容的にも国家権力を限定するものであることに鑑み，権力を担う者が憲法の拘束を破らないよう特に注意するものです。ただし，公務員は皆憲法を批判してはならない，というわけではありません。憲法改正権を有する国会議員らは，もちろん憲法について批判的議論をすることができますし，その他の公職者が憲法について意見をいうことも認められます。ただ，職務行使において憲法による制約を破ることは絶対に許されません。

ここで，99条の規定で義務を負う者の中に「国民」が入っていないことに注意してください。これは，憲法が義務を課そうとする相手が基本的に国家権力であり，国民ではないことによるものです。国民は，憲法によって基本的人権を与えられており，それを自由に行使できる立場にいます。しかし，多くの人々の自由行使が互いに衝突しないよう調整することは不可欠であり，国家は法律などによって自由を制限しながらこの役割を果たします。国民は法律で義務を課されるのであり，その義務が一方的で不当なものとならないよう監視するのが憲法の役割だということになります。

日本国憲法に権利規定が多く，義務規定が少ないことが問題だという主張がなされることがありますが，これは立憲主義に基づく法体系のあり方を理解していないものだといわざるを得ないでしょう。

## コラム 1-1 ● 戦後の憲法改正の試み

　占領終了後，保守的勢力は日本国憲法は占領軍に押し付けられたものであるとして，無効論を唱えたり，その改正を強く主張するようになりました。1955 年に結党された自由民主党も「憲法の自主的改正」を掲げており，自民党政権は 1957 年に内閣に憲法調査会を設置して，日本国憲法の制定過程の調査や改正すべき点について審査し始めました。しかし，最大野党の社会党や宮沢俊義（美濃部達吉の弟子で八月革命説の提唱者）などの有力憲法学者はこの調査会に参加せず，保守的「改憲」に反対する「護憲」の運動も活発化しました。最大の焦点は 9 条改正の是非でしたが，まだ戦争の記憶が強く残る国民には，憲法の平和主義を変更することへの抵抗が強かったのです。また，日本の伝統にそぐわないというような憲法批判は，基本的人権の保障を弱めるものだという警戒感を強めました。

　憲法調査会は 1964 年（昭和 39 年）に最終報告書を提出しますが，その内容は改憲派の期待に反して，憲法改正の必要性を明確に指摘するものではありませんでした。また，その頃には自民党政権は経済成長を優先する姿勢に転換しており，実際に憲法改正を試みるには至りませんでした。「解釈改憲」により 9 条と自衛隊の併存が説明できれば，あえて反対を押し切って条文を改正する必要は低まります。自民党政権も憲法の国民への「定着」を前提にした政権運営を行うようになったのです。

　このような状況は，東西冷戦の終結と日本の政治状況の変化によって，1990 年代から再び変わり始めます。冷戦終結後，PKO（国連平和維持活動）やアメリカの海外派兵への日本の協力が強く求められるようになり，自国の防衛のための実力行使のみを認めるというかたちで自衛隊の活動を縛る 9 条解釈が窮屈になってきました。また，社会党が弱体化し，国会でも憲法改正の議論自体は許容する勢力が大多数を占めるようになりました。このような状況下で，2000 年（平成 12 年）に国会の衆参両院に憲法調査会が設置され，今度は各政党が参加して活発な議論がなされました。両院の憲法調査会は 2005 年（平成 17 年）に最終報告書を発表しましたが，これも会としての明確な立場を示すものではありませんでした。

　実際に憲法改正を行うのに必要な国民投票手続に関する法律は，2007 年（平成 19 年）に成立しました（詳しくは第 15 章でふれます）。憲法のあり方について，自分たちの問題として真剣に議論する必要性が高まっているといえるでしょう。

□□□ BOX 3──日本国憲法　第 11 章　補則

第 100 条【憲法施行期日，準備手続】　①　この憲法は，公布の日から起算して六箇月を経過した日から，これを施行する。

②　この憲法を施行するために必要な法律の制定，参議院議員の選挙及び国会召集の手続並びにこの憲法を施行するために必要な準備手続は，前項の期日よりも前に，これを行ふことができる。

第 101 条【経過規定－参議院未成立の間の国会】　この憲法施行の際，参議院がまだ成立してゐないときは，その成立するまでの間，衆議院は，国会としての権限を行ふ。

第 102 条【経過規定－第一期の参議院議員の任期】　この憲法による第一期の参議院議員のうち，その半数の者の任期は，これを 3 年とする。その議員は，法律の定めるところにより，これを定める。

第 103 条【経過規定－公務員の地位】　この憲法施行の際現に在職する国務大臣，衆議院議員及び裁判官並びにその他の公務員で，その地位に相応する地位がこの憲法で認められてゐる者は，法律で特別の定をした場合を除いては，この憲法施行のため，当然にはその地位を失ふことはない。但し，この憲法によつて，後任者が選挙又は任命されたときは，当然その地位を失ふ。

　憲法の最終第 11 章には，旧憲法から新憲法への移行のための経過規定が定められ，特に貴族院に代わって新設された参議院について措置がとられています。101 条は，憲法施行の際参議院が成立していない場合について定めますが，実際には施行より前に選挙が行われ参議院が成立しましたので，この条文は適用されませんでした。ただし，その選挙では参議院議員を一度に全員選出しましたから，次の選挙からの半数改選を実現するため，102 条が，第一期の参議院議員のうち法律で定める半数の者の任期を 3 年に短縮しています。この法律は，当選者のうち各選挙区で得票数の多い半数の者の任期を 6 年，その他の下位当選の者の任期を 3 年と定めていました。

　103 条は，公務員についての経過規定であり，国の機能が停止しないよう配慮するものでした。

# 第2章

# 国民主権と象徴天皇制

【本章で解説する部分】

# 2.1 国民主権

　日本国憲法の本文は，国民主権と象徴天皇制を定める**第1条**から始まります（BOX 4）。明治憲法1条が天皇の日本統治権を定めていることと対比したとき，この日本国憲法1条が，憲法の基本原理の転換を最も明確に示す，非常に重要な条文であることが分かります。

　主権とは多義的な用語であり，国家権力と同義で使われることもあり，また国家権力の対内的最高性・対外的独立性を意味することもあります。憲法前文が「自国の主権を維持し」と述べている場合の主権は，この国家権力の性質を意味しています。ただ，天皇主権とか国民主権という場合の主権とは，国の政治のあり方を最終的に決定する権威を誰がもつかを意味します。この意味の主権を有する者を，主権者と呼びます。八月革命説によれば，日本国憲法はポツダム宣言受諾によって主権者となった国民が制定したものであり，自らが主権者であることを憲法中に書き込んだのだ，ということになります。

　ただ，国民主権といっても，あらゆる国政上の決定を国民が直接行うということは不可能ですし，適切だとも思えません。そこで多くの国では，選挙によって国民を代表する議会を構成し，その議会が立法権を行使する，代表（間接）民主制を採用しています。選挙権は国民の意思を国政に反映するための重要な権利だということになります。かつては，国民主権を標榜する国でも，選挙権を裕福な男性に制限したりしていましたが，今日ではそのような限定は許されません。また，議員は現実の国民の意思とは独立に政治的判断を行ってよい（議員の地位についての「純粋代表」と呼ばれる考え）とされた時代もありましたが，今日では，議員は民意を反映して判断すべきだ（「半代表」と呼ばれる考え）と考えられています（**11.2**で詳しく説明します）。そして，国民の間で政治的問題についての態度が自主的に形成されることを確保するためには，表現の自由が保障されていることも重要です。表現の自由なしで選挙が行われても，国家権力によって歪められた投票結果が示されるだけで，主権者の意思表明だとは認められません。

第1条【国民主権・象徴天皇制】　天皇は，日本国の象徴であり日本国民統合の象徴であつて，この地位は，主権の存する日本国民の総意に基く。

**参考資料■大日本帝国憲法　第1条・第4条**

第1条　大日本帝国ハ万世一系ノ天皇之ヲ統治ス
第4条　天皇ハ国ノ元首ニシテ統治権ヲ総攬シ此ノ憲法ノ条規ニ依リ之ヲ行フ

## コラム 2-1●直接民主制と間接民主制の優劣

　直接民主制と間接民主制の優劣という問題は，民主主義論の永遠のテーマといってもいいでしょう。国民主権が，政治のあり方を最終的に決定するのは国民であるという原理だとすると，国民による直接の決定の機会を増やす方がそれに適合的であるようにも思えます。現在の間接民主制は，国民投票を頻繁に行うことが困難だという実際的事情によってとられている次善の策であり，国会は民意が望む政策をできるだけ忠実に実現すべきだということなります。有権者と議員の法的関係についても，議員の自由な判断権を認める自由委任ではなく，それを民意に法的に拘束する命令委任と呼ばれる考え方をとるべきだとされることになります。

　しかし，このような直接民主制の理想化には，多くの批判も寄せられてきました。通常，非常に多様で複雑な政治的諸問題について国民各自がはっきりした見解をもっているわけではなく，その態度表明は，権力者の意向によって大きく左右されます。歴史的にも，直接民主制はむしろ権力者が自己の権力を正当化するために使われることが多くありました。ナチス・ドイツのヒトラーが，国際連盟離脱などの場面で国民投票を行ったのはその一例です。

　民意は多様であり，しかも常に流動的です。民意が政治の基盤であるからこそ，それを無理に多数決で二分しようとすべきではありません。国家の意思をまとめるためには，やはりそのための責任を負う機関が必要だと考えるべきでしょう。国民主権のもとでも，国会は，国民の間での議論に留意しつつ，国家の意思を練り上げる独自の権限をもつと解することが，適切だと思われます。

## 2.2 象徴天皇制

1条は，天皇には主権者国民が日本の「象徴」としての地位を与えたのだ，と規定します。明治憲法との対比では，天皇から統治権が剥奪され，単なる象徴とされたのだ，という大転換をおさえることが必要です。

では，象徴とはどういう地位なのでしょうか。象徴とは，通常，抽象的な観念を具体的なものによって示すものといわれます。ハトが平和の象徴だというのが，よく出される例です。ただ，この例が示すように，象徴するものとされるものの間に論理必然的関係はなく，象徴関係の成立は，多くの人がハトを見たときに平和を想起するかどうかという事実状況に依存しています。この意味では，戦前の天皇こそ，日本の主権者として，日本を誰よりも象徴していました。

では，憲法という法で天皇を「象徴」だと定めることに，どのような意味があるのでしょうか。法が人々の内心を強制することはできないし，してはならない以上，「天皇を象徴だと思うこと」が国民に要請されるはずはありません。ただ，天皇は法的に日本の象徴とみなされることになります。天皇は，多くの者が彼を見て日本国を想起するはずだという前提の下に，その権限を行使するということです。しかし，このことは，天皇が実際にどういう法的権限をもつかということとは別問題です。天皇の権限については，続く憲法の条文が明確な答えを与えています。つまり，天皇の権限は憲法が非常に限定的に定めており，象徴という地位からは独自の法的権限は出てこないのです。その意味では，象徴としての地位は，法的には意味のないものだといえるでしょう。

## 2.3 皇位継承のルール

2条は，皇位は世襲であるとし，詳しくは皇室典範で定めるとしています（BOX 5）。憲法14条は法の下の平等を定め，貴族制度を否定していますが，天皇の地位継承については憲法自らが例外を認めていることになります。なお，ここでいう皇室典範とは，戦前の同名の規範が皇室に関する特別の法であったのとは異なり，国会で制定される通常の法律です。

□□□ BOX 5──日本国憲法　第1章　天皇

**第2条【皇位の継承】**　　皇位は，世襲のものであつて，国会の議決した皇室典範の定めるところにより，これを継承する。

**第3条【内閣の助言と承認】**　　天皇の国事に関するすべての行為には，内閣の助言と承認を必要とし，内閣が，その責任を負ふ。

**第4条【天皇の権能，国事行為の委任】**　①　天皇は，この憲法の定める国事に関する行為のみを行ひ，国政に関する権能を有しない。
　②　天皇は，法律の定めるところにより，その国事に関する行為を委任することができる。

**第5条【摂政】**　　皇室典範の定めるところにより摂政を置くときは，摂政は，天皇の名でその国事に関する行為を行ふ。この場合には，前条第1項の規定を準用する。

**第6条【天皇の任命権】**　①　天皇は，国会の指名に基いて，内閣総理大臣を任命する。
　②　天皇は，内閣の指名に基いて，最高裁判所の長たる裁判官を任命する。

**第7条【天皇の国事行為】**　　天皇は，内閣の助言と承認により，国民のために，左の国事に関する行為を行ふ。
1　憲法改正，法律，政令及び条約を公布すること。
2　国会を召集すること。
3　衆議院を解散すること。
4　国会議員の総選挙の施行を公示すること。
5　国務大臣及び法律の定めるその他の官吏の任免並びに全権委任状及び大使及び公使の信任状を認証すること。
6　大赦，特赦，減刑，刑の執行の免除及び復権を認証すること。
7　栄典を授与すること。
8　批准書及び法律の定めるその他の外交文書を認証すること。
9　外国の大使及び公使を接受すること。
10　儀式を行ふこと。

**第8条【皇室の財産授受】**　　皇室に財産を譲り渡し，又は皇室が，財産を譲り受け，若しくは賜与することは，国会の議決に基かなければならない。

憲法は皇位継承について「世襲」と定めるだけであり，世襲の態様については国会の判断に委ねられています。現在の皇室典範は皇統に属する男系男子のみが天皇になりうると定めますが，女子あるいは女系の継承を認めることも，憲法に違反するわけではありません。逆に，女性天皇を認めないことも，憲法が例外として認めた世襲制の内容をどう形成するかに関わる事柄であり，14条との関連で性差別の問題を引き起こすわけではない，と考えられています。

　4条2項は国事行為の委任，5条は摂政について定めます。これらは，天皇が十分に国事行為を行えない場合への対処です。一般に天皇が高齢になってくると，職務に支障をきたすことも多くなると思われますが，皇室典範は天皇の生前退位を認めていません。

　2016（平成28）年に，すでに80歳を超えていた当時の天皇は，自身の「身体の衰え」によって「全身全霊をもって象徴の務めを果たしていくことが，難しくなる」との危惧を示し，生前退位の希望を示唆する「おことば」を公表しました。これを受けて，「天皇の退位等に関する皇室典範特例法」が制定され，2019年4月30日に，明治以降初めての生前退位が行われました。ただ，この特例法は，この1回の皇位継承のみに関するものなので，現在，今後の生前退位を認める法律はやはり存在しません。

## 2.4　天皇の権限

　憲法3条と4条は，天皇の権限について定めています。4条1項は，天皇は憲法で定められた国事に関する行為（国事行為）のみを行えるのであって，国政に関する権能（ある事柄について権利・権限を行使できる能力）を有しないと定めます。さらに3条は，その国事行為にも常に内閣の助言と承認が必要であり，国事行為についての責任は，天皇自身ではなく内閣が負うとしています。つまり，天皇の権限は，憲法が国事行為として明示的に定めるものに限られ，それ以外の権限を法律などで追加することはできないのであり，しかもその国事行為も常に内閣の意向に従って行われなければならないのです。憲法は，天皇が政治的影響力を行使することを強く警戒して，その権限を厳しく制限しています。戦争中は「現人神」とまでいわれた天皇の統治権を否定して国民主権

## クローズアップ 2-1● 天皇の基本的人権について

　天皇には基本的人権が保障されているのでしょうか。皇室典範によれば，皇太子には皇族離脱は認められておらず，また一度天皇になれば退位も認められていません。つまり，天皇及び天皇になる予定の人は，職業選択の自由をまったくもちません。憲法24条が「両性の合意のみに基づいて成立」すると述べている婚姻の自由すら，皇族会議の議を経る必要があるというかたちで制約されています。また，天皇には選挙権もありません。

　これほどの制約を，「人権はあるのだが，天皇の地位の特殊性からして制約されているのだ」と説明するのはもはや困難でしょう。現行法が違憲だというのでなければ（今のところ違憲説は見当たりません），結局，天皇はもともと憲法上の人権享有主体ではないのだ，というしかありません。

　そして，これはそれほどおかしな考え方ではありません。そもそも人権は，生まれに基づいて人間を区別する身分制から解放され，自由かつ平等な者としての地位をもつ諸個人が有すべき権利ですが，天皇は日本で唯一残された世襲制の公職です。日本国憲法は，天皇制という身分制を残存させたのです。だとすれば，その身分の構成員は，自由かつ平等な者すべてが有する人権の主体とはいえないということになります。天皇の法的地位は，この身分の論理に従って構築されているのであり，人権論が扱う対象外の問題だというべきでしょう。

を実現するには，ここまでの警戒が必要だったということでしょう。

　天皇の国事行為は，6条と7条に列挙されています。それらのうち，6条1項の内閣総理大臣任命など，実質的決定権を他の機関が有することが明確な場合には，天皇の行為が形式的なものであることは当然です。しかし，7条が定める行為の中には，実質的決定権の所在が他の憲法条文から明確には導けないものが含まれています。その最たるものが3号の衆議院解散権です。衆議院解散がきわめて政治性の高い行為であることは明らかですが，誰がどのような場合に衆議院を解散できるのかについて，憲法は明確な規定を有していません。69条は，内閣が衆議院の信任を失った場合に解散がなされうることを示していますが，解散についての判断主体を明確にせず，またこれ以外の場合に解散を行えるのかどうかも明らかではありません。

　そこで，天皇に助言と承認を行う内閣の権限を根拠に，7条3号の規定から内閣が衆議院解散権を有するという学説が主張されています（7条説）。この説は，7条3号を含む国事行為は，もともとは政治的な実質的決定権を含んでいるが，天皇は内閣の助言と承認に拘束されるため，国政に関する権能を有しなくなるのだ，と解します。7条を，内閣に——他の条文で限定されていない限りにおいて——実質的権限を付与する規定であると理解するわけです。

　これに対しては，4条1項は「国事に関する行為」と「国政に関する権能」とを対立する概念としてとらえており，国事行為はもともと政治的判断権を含まない権限だと理解すべきである，という主張が対置されています。この立場からは，7条が定める権限も，実質的には他の誰かが決定した事柄を，天皇が形式的に行うことを認めるにとどまるということになります。憲法は，そのような形式的な権限の行使にも，内閣の助言と承認を求めたのだということになります。この立場からは，7条3号によって内閣の衆議院解散権を導くことはできませんから，衆議院解散は69条の場合に限られるという説が唱えられています（69条説）。

　内閣は，7条説を採用して自らの自由な衆議院解散権を導いています。これに対しては，憲法は天皇の権限を厳しく限定しようとしており，国事行為はもともと形式的権限だという理解の方が適切な解釈である，という反論がなされています。また，7条説を採らなければ内閣の衆議院解散権が導けないのかと

## クローズアップ 2-2● 天皇の公的行為

憲法上，天皇には国事行為を行う権限しかなく，それ以外に法的効果をもつ行為をなすことは認められていません。しかし，天皇はこの他にも，公式の行事で「おことば」を述べたり，外国の要人と会談したりすることがあり，それらは政治的意味合いをもつことがありえます。特に，天皇が国会の開会式で「おことば」を述べる慣行は，その憲法上の許容性についての議論を起こしました。

公職にある人は，様々な折りにあいさつなどの儀礼的行為を行うことがあります。天皇も他の公人と同様，儀礼的行為を行うことが社会的に期待されており，それに応えることは許される，と考えてよいでしょうか。しかし，問題はまさしく，天皇が他の公人と同様の儀礼行為を行ってよいのかどうか，にあります。どのような発言にも潜在的には政治的議論を引き起こす危険性があるのであり，通常の公人であれば許されるようなあいさつも，「国政に関する権能を有しない」天皇が行うことには慎重にならざるをえないのです。ただ，天皇に儀礼的行動をまったく認めないというわけにもいかないでしょう。

天皇の行為から生じる政治的影響力をできるだけ抑制するには，少なくとも国家の公式行事において天皇の発言が許されるのは，国事行為と密接な関連がある場合のみだと考えるべきでしょう。国会開会式の「おことば」は，国会を召集するという国事行為（7条2号）に随伴するものと考えることができます。これに対し，その他の公益性のある行事に天皇が出席し発言することは，公人としての儀礼的行為として認めざるをえないと思います。ただし，この場合でも，天皇の活動が政治的意味をもちうることを考えれば，内閣による補佐が必要であり，もし政治問題が発生した場合には，その責任を内閣がとれるような体制にしておく必要があります。

## コラム 2-2● 天皇・皇族の財産について

戦前の皇室は多くの資産を有していましたが，憲法88条は「すべて皇室財産は，国に属する。」と定め，それを国有化しました。さらに憲法8条は，皇室が財産を授受することに国会の議決を求めています。こうして，天皇や皇族が経済力を通じて政治的・社会的影響力をもつようになることを防止しているのです。ただし，皇室経済法2条は，通常の売買行為や外国との儀礼的贈答などには国会の議決を必要としないという例外を認めています。

いうと，そういうわけではありません。**7条**を根拠にしなくても，後述する議院内閣制の要請として，内閣は自分の判断で衆議院を解散できると解釈すべきだという説（制度説）が提唱されています。

第3章

# 平 和 主 義

## 3.1 軍の統制と立憲主義

9条が定める戦争放棄・戦力不保持は，日本国憲法の大きな特徴の一つです（BOX 6）。と同時に，日本の再軍備後，条文と整合しないように思える自衛隊が存在していることとの緊張関係もあって，同条は憲法の中で最も論争の対象となってきた条文です。ただし，軍に対する統制を憲法で定めること自体は，諸国の近代的意味の憲法の中で通常のことでした。軍が国内最大の暴力を有する組織であり，国民の自由にとっても最大の脅威である以上，当然のことだといえます。つまり，立憲主義の見地からは，軍は自国を他国から守るために存在するが，同時に自国の国民にとっても大きな脅威なのだという意識をもつ必要があるのです。実際に，戦前の日本では，軍のクーデターで政治が大きく揺るがされました。

多くの国では，軍に対する統制の手段として，軍の編成・装備に対する議会によるチェックを保障すること，軍による市民の財産などの一方的接収を禁じること，侵略戦争を放棄することなどが，憲法で規定されてきました。9条は，これらの憲法における軍への統制の努力を受け継ぎつつ，それを突き抜けて戦力不保持にまでいたったものだということができます。

## 3.2 9条1項の解釈論

9条は，自衛のための戦力をも放棄しているのか，ということが，解釈論の焦点です。そのことに直接の答えを与えるのは2項になりますが，その前に1項を見ておく必要があります。

9条1項は戦争放棄を宣言しています。同条にいう「戦争」とは，国際法上国家どうしの武力行使が認められる事態としての戦争のことです。かつては，国際紛争を解決する最後の手段として戦争に訴えることは，主権国家の権限として認められていました。しかし，今日では国際法上も，そのような戦争は違法とされています。「武力による威嚇又は武力の行使」とは，法的形式を問わず，他国に武力を行使したり，武力行使を示唆して相手を威嚇したりすること全般を意味します。1項の内容は一般に「戦争放棄」といわれますが，そこで

□□□ BOX 6——日本国憲法　第2章　戦争の放棄

**第9条【戦争放棄，戦力不保持及び交戦権の否認】**　① 日本国民は，正義と秩序を基調とする国際平和を誠実に希求し，国権の発動たる戦争と，武力による威嚇又は武力の行使は，国際紛争を解決する手段としては，永久にこれを放棄する。

　② 前項の目的を達するため，陸海空軍その他の戦力は，これを保持しない。国の交戦権は，これを認めない。

---

**参考資料■各国憲法の軍に関する条文**

**◆アメリカ合衆国憲法 1条8節**　①連邦議会は，次に掲げる権限を有する。…
⑪戦争を宣言すること，…
⑫軍隊を徴募し，これに財政的措置を講ずること。…

**◆フランス第4共和政憲法　前文**　…フランス共和国は，征服を目的とするいかなる戦争も企図せず，いかなる人民の自由に対しても決して武力を行使しない。…

（この前文は，現行第5共和政憲法の前文で引用されることにより，現行憲法の一部となっている。）

　**フランス第5共和政憲法　35条**　①宣戦は，国会によって承認される。

**◆ドイツ連邦共和国基本法　26条**　①諸国民の平和的共同生活を妨げ，特に侵略戦争の遂行を準備するのに役立ち，かつそのような意図をもってなされる行為は，違憲である。…

**115a条**　①連邦領域が武力によって攻撃され，またはこのような攻撃が直前に差し迫っていること（防衛上の緊急事態）の確定は，連邦参議院の同意を得て，連邦議会が行う。…

は，武力の現実の行使，及びそれを脅しの手段として用いること全般が，放棄されているのです。

　しかし，1項には，「国際紛争を解決する手段としては」という，放棄の範囲を限定しているとも理解できる文言が含まれています。国際法上，国際紛争を解決する手段としての戦争（広い意味での「侵略戦争」）と，自衛のための戦争とは区別され，違法なのは前者のみであり，国家は後者の自衛戦争を行う権限は保持している，と理解されてきました。同項の「国際紛争を解決する手段としては」という文言もこれと同じ意味だと理解すると，日本は侵略戦争は放棄したが，自衛のための戦争は放棄していない，ということになります。政府解釈は，この立場です。これに対しては，日本自身が第二次世界大戦を自衛戦争として正当化していたように，自衛のための戦争と侵略戦争とを実際に区別することは非常に困難であり，「戦争の惨禍」に対する反省に基づく日本国憲法が侵略戦争の放棄しか求めていないとは考えられない，という批判があります。

## 3.3　9条2項の解釈

　9条2項は，「陸海空軍その他の戦力は，これを保持しない」と述べますが，その前に「前項の目的を達するため」という文言を有しています。この箇所を，1項の戦争放棄限定を受けて，侵略戦争放棄という目的のために戦力は保持しないのだと解すると，自衛戦争のための戦力は保持できるという解釈が可能になります。この解釈は，自衛隊の合憲性が激しい議論を呼ぶ中，憲法改正を審議した帝国議会で9条制定に関わり，まさに2項にこの文言の挿入を提案した芦田均氏によって提唱されたため，注目されました（そのため，この修正を芦田修正と呼びます）。しかし，憲法改正案審議過程の記録においては，この文言が戦力不保持の目的を限定して，自衛のための戦力ならもてるようにするためのものだとは意識されていませんでした。また，戦力という重大な問題についての結論を，このように反対解釈を重ねることで導く解釈論には大きな疑問があります。

　だとすると，2項は戦力の全面不保持を宣言したものだということになります。1項で戦争放棄の目的を限定したとしても，侵略戦争を行わないという決

【GHQ 草案（1946 年 2 月 13 日）】

CHAPTER II

Renunciation of War

Article VIII. War as a sovereign right of the nation is abolished. The threat or use of force is forever renounced as a means for settling disputes with any other nation. No army, navy, air force, or other war potential will ever be authorized and no rights of belligerency will ever be conferred upon the State.

【政府による憲法改正草案（1946 年 4 月 17 日）】

第 2 章　戦争の拋棄

第 9 条　国の主権の発動たる戦争と，武力による威嚇又は武力の行使は，他国との間の紛争の解決の手段としては，永久にこれを拋棄する。
　陸海空軍その他の戦力の保持は，許されない。国の交戦権は，認められない。

【帝国議会に提出された憲法改正案と，これに対する衆議院での修正（1946 年 8 月 24 日）】

第 2 章　戦争の<u>拋棄</u>
　　　　　　↓
　　　　　　放棄

第 9 条　<u>国の主権</u>の発動たる戦争と，武力による威嚇又は武力の行使は，
　　　　　↓
　　　　　日本国民は，正義と秩序を基調とする国際平和を誠実に希求し，国権
　　　　　<u>他国との間の紛争の解決の手段としては，永久にこれを<u>拋棄</u>する。
　　　　　　↓　　　　　　　　　↓　　　　　　　　　　　　　↓
　　　　　国際紛争を　　　　　する　　　　　　　　　　　放棄

　陸海空軍その他の戦力は，これを保持<u>し</u>てはならない。国の交戦権は，これを認めない。
↑（挿入）　　　　　　　　　　　　　　　↓
前項の目的を達するため，　　　　　　　しない。

（出所）　国立国会図書館ウェブサイト「日本国憲法の誕生」

図 3-1　9 条の成立過程における修正

意は，およそ戦力をもたないという決断によってより明確に示すことができます。憲法学説の多数はこのような解釈をとり，戦力としかいいようのない自衛隊を違憲であると批判してきました。

##  政府の「国家固有の自衛権」による解釈

　これに対し，政府の自衛隊合憲論は，「戦力」が全面的に放棄されていることは認めつつ，その「戦力」概念を限定的に解するというものです。その前提として，政府は「国家固有の自衛権」という論理を持ち出します。およそ主権国家は，他国からの侵略に対して自国を防衛する権利を有しており，日本もそれを放棄していない。だとすれば，自衛のための必要最小限度の実力を有することは可能であるはずであり，憲法が保有を禁じる「戦力」とは，この最小限度を超える実力のことである，ということになります。そして，自衛隊はこの自衛のための必要最小限度の実力であるから，憲法の禁じる「戦力」にはあたらないとされます。

　この解釈に対しては，国家固有の自衛権は，国際法において他国との関係では主張できるかもしれないが，その行使の仕方は国家内部で国内法により定めるべきなのであり，対外的に自衛権があるからといっても国内での憲法の定めを掘り崩す論拠とはならないのではないか，といった疑問があります。

　政府の自衛隊合憲論に対しては，長く強い反対があり，自衛隊の違憲性を訴える訴訟もいくつか起こされました。1973年（昭和48年）に一度，札幌地裁が自衛隊を違憲とする判決を出し，大きな注目を集めました。しかし，この判決は高裁で破棄されています。最高裁は，自衛隊の合憲性について，今のところ判断を示していません。

　なお，2項後段は国の交戦権を否認しています。この「交戦権」とは，戦争を行う権利ではなく，戦争において交戦国が有する権利（敵兵の殺傷や敵国領土の攻撃など）のことを意味します。政府は，この交戦権も自衛のために必要な範囲では認められるとしており，否認されるのはそれを超える権利だということになります。

　自衛隊の合憲性については，いくつかの裁判が行われ，大きな政治的注目を集めてきました。

　自衛隊の合憲性が本格的に争われた最初のケースは，北海道恵庭町（当時）の自衛隊演習場の近隣住民が演習に抗議して演習用の電話通信線を切断したことが，自衛隊法 121 条の定める，自衛隊の「武器，弾薬，航空機その他の防衛の用に供する物」の損壊罪にあたるとして起訴された事件（恵庭事件）です。裁判で被告人側は自衛隊違憲論を展開しましたが，1967 年（昭和 42 年）の札幌地裁判決は，電話通信線は「防衛の用に供する物」とはいえないとして，憲法問題には立ち入らずに被告人を無罪としました（いわゆる「肩すかし判決」，札幌地判昭和 42・3・29 下刑集 9 巻 3 号 359 頁）。検察側は控訴せず，この判決が確定しました。

　唯一の自衛隊違憲判決が出されたのが，北海道長沼町に自衛隊のミサイル基地を設けるために，予定地の保安林指定を解除した処分の取消しが求められた，長沼事件です。札幌地裁は 1973 年（昭和 48 年）に，自衛隊は憲法 9 条 2 項が禁じる「戦力」にあたり，自衛目的だからとして保持が許されるわけではない，として自衛隊を違憲と断じ，その基地建設のための処分を取り消しました（札幌地判昭和 48・9・7 判時 712 号 24 頁）。これに対し札幌高裁は，保安林の機能を代替する施設が設置されたため，原告に訴えの利益がなくなったという訴訟法上の理由を持ち出して，この判決を破棄しました（札幌高判昭和 51・8・5 行集 27 巻 8 号 1175 頁）。最高裁もこの高裁判決を支持しました（最判昭和 57・9・9 民集 36 巻 9 号 1679 頁）。地裁の違憲判決は破棄されましたが，高裁や最高裁が自衛隊を合憲だといったわけではありません。

　さらに，自衛隊基地の用地買収のための国と私人との契約の有効性が争われた百里基地事件では，最高裁は，国の私法上の行為には原則として憲法は直接適用されないとした上で，自衛隊基地建設のための土地売買が公序良俗に反して無効（民法 90 条　後述 4.3 参照）とまではいえない，と判断しています（最判平成元・6・20 民集 43 巻 6 号 385 頁）。

　なお，日米安保条約の合憲性が争われた事件として，米軍基地への反対運動の際に基地内に立ち入った者が，正当な理由なく米軍施設内に立ち入ることを禁じる法律に違反するとして起訴された，砂川事件があります。東京地裁は 1959 年（昭和 34 年）に，安保条約が日本国内での米軍の駐留を認めていることは憲法 9 条 2 項に反すると判断し，被告人を無罪としましたが（東京地判昭和 34・3・30 下刑集 1 巻 3 号 776 頁），最高裁は第 13 章で述べる通り（13.1.2），統治行為論をとり，安保条約の合憲性について直接の判断を避けつつ，この地裁判決を破棄しました（最大判昭和 34・12・16 刑集 13 巻 13 号 3225 頁）。

## 3.5 集団的自衛権と日米安全保障条約

　現在では，自衛隊の存在自体は日本社会に定着しており，その合憲性を疑う声は強くありません。しかし，**9条**に意味がなくなったのかというとそうではなく，特に集団的自衛権という問題において同条は大きな意味をもち続けています。

　集団的自衛権とは，他国が攻撃された場合でも，それを自国に対する攻撃とみなして，その他国の防衛に協力する権利のことをいい，国際連合憲章で加盟国に認められています。しかし，集団的自衛権は国家固有の自衛権（個別的自衛権）とは異なり，どこか他国に攻撃があったら当然に行使可能となるものではありません。冷戦期に西側陣営の集団的自衛のために結成された北大西洋条約機構（NATO）は，条約で集団的自衛の体制を定める代表例で，いずれかの加盟国に対する攻撃は，全加盟国に対する攻撃とみなされます。

　日本政府は，日本も集団的自衛権を有しているが，その行使は自衛のための必要最小限度の実力行使とはいえないので，憲法上認められないという立場をとってきました。この解釈に対しては，特に自衛隊をアメリカ軍と積極的に協力させようとする勢力から，批判が寄せられてきました。

　現在の日米の防衛関係の基礎となっているのは，日米安全保障条約です。同条約は，在日米軍基地の法的根拠でもあります。同条約は，日本が攻撃されたときに日米が共同で対処することを定めますが，逆にアメリカが攻撃されても日本は対処する義務を負いません。したがって，日本が集団的自衛権を行使することにはなりません。しかし，米軍との協力関係をより拡大したいと考える人々からは，このようなあり方は強い足かせと感じられてきたのです。

　ついに2014年（平成26年）に安倍晋三内閣は，限定的な集団的自衛権の行使は憲法上可能であると，政府見解を変更しました。この憲法解釈の変更に対しては，国民の中に強い反対もありましたが，同内閣は新見解に基づく法律案を2015年（平成27年）の通常国会に提出し，国会審議を経て同年9月に法改正が成立しました。その結果，個別的自衛権が発動される武力攻撃事態に加えて，それ以外の存立危機事態にも自衛隊の武力行使が容認されることになりました。「存立危機事態」とは，日本と密接な関係にある他国に対する武力攻撃

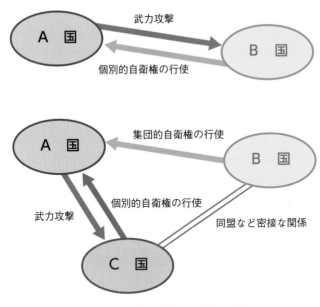

図 3-2　**個別的自衛権と集団的自衛権**

---

**参考資料■憲法と自衛権の関係に関する新たな政府見解**（防衛省ウェブサイトより）

　「これまで政府は，……「武力の行使」が許容されるのは，わが国に対する武力攻撃が発生した場合に限られると考えてきました。しかし，パワーバランスの変化や技術革新の急速な進展，大量破壊兵器などの脅威などによりわが国を取り巻く安全保障環境が根本的に変容し，変化し続けている状況を踏まえれば，今後他国に対して発生する武力攻撃であったとしても，その目的，規模，態様などによっては，わが国の存立を脅かすことも現実に起こり得ます。」

　「こうした問題意識のもとに，現在の安全保障環境に照らして慎重に検討した結果，わが国に対する武力攻撃が発生した場合のみならず，わが国と密接な関係にある他国に対する武力攻撃が発生し，これによりわが国の存立が脅かされ，国民の生命，自由および幸福追求の権利が根底から覆される明白な危険がある場合において，これを排除し，わが国の存立を全うし，国民を守るために他に適当な手段がないときに，必要最小限度の実力を行使することは，従来の政府見解の基本的な論理に基づく自衛のための措置として，憲法上許容されると考えるべきであると判断するに至りました。」

が発生し，これによりわが国の存立が脅かされ，国民に重大かつ明白な危険が生じた事態をいいます。

　しかし，この集団的自衛権の行使が憲法上容認されるとは，やはり考え難いところです。憲法9条にもかかわらず自衛隊が合憲だとされてきたのは，それが自国を防衛するために不可欠の装備だからです。国家が固有にもつとされる自衛権とは，あくまでも自国を防衛する権利であり，戦力不保持の明文規定にもかかわらず，他国の紛争に武力をもって介入する権利が認められるとは，考えられません。「存立危機事態」となりうる一例として，政府は日本の石油輸入ルートが絶たれた場合を挙げました。しかし，このような経済的支障は，たとえそれが重大なものであれ，実力による攻撃とは全く異質であり，国家固有の自衛権の発動を正当化する事態にはなりえないものです。集団的自衛権の容認は，憲法が軍備に対して設けた厳しい制限の趣旨に反すると言わざるをえないと思います。

## 3.6　自衛隊の海外派遣

　冷戦終結後，自衛隊に対して積極的な国際貢献を求める声が高まり，国連平和維持活動（PKO）などへの参加が進んでいます。ただし，海外での自衛隊の活動には，日本の自衛と関係ない武力行使という，憲法上認められない活動に参加することになってしまうおそれがつきまといます。したがって，派遣地域での武力紛争が停止しており，自衛隊の派遣に現地当事者の合意があることなどの条件が満たされる必要があります。

　また，2001年（平成13年）9月11日の同時テロ後のアメリカによるアフガニスタンやイラクに対する攻撃に際し，日本は特別措置法を制定し，自衛隊を派遣して協力しました。政府は，自衛隊の派遣先は非戦闘地域だと強調しましたが，アメリカ軍の戦闘行為への協力との性格が強く，違憲の疑いの非常に強い行為であったというべきでしょう。

　2015年（平成27年）には，日本の平和及び安全に重要な影響を与える事態に際して米軍などを支援するための法律に対して，自衛隊の活動範囲に地理的制限をなくす改正が行われました。同時に，国連の総会または安全保障理事会

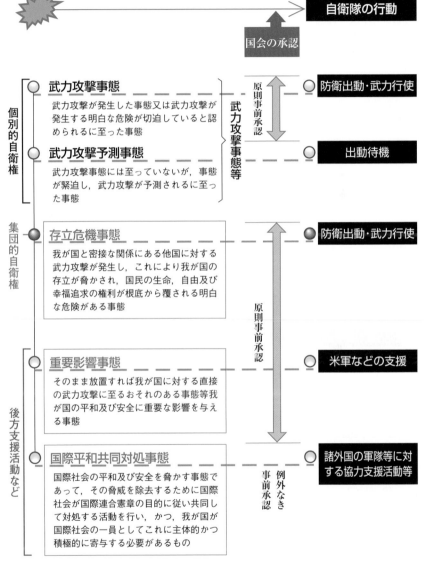

図 3-3 「平和安全法制」における**各事態と自衛隊の行動**
青枠内は 2015 年法改正により新設されたもの。

の決議に基づき国際平和及び安全のために活動する外国軍隊への支援を可能とする恒久法（国際平和支援法）も制定されました。これらの場合も自衛隊には武力の行使は認められませんが，自衛隊の海外での活動範囲が広まるにつれ，武力紛争に巻き込まれる危険が増大すると危惧されます。

**参考資料■主要国・地域の兵力一覧（概数）**

| 陸上兵力（万人） | | | 海上兵力（万トン（隻数）） | | | 航空兵力（機数） | | |
|---|---|---|---|---|---|---|---|---|
| 1 | インド | 124 | 1 | 米国 | 689（980） | 1 | 米国 | 3,560 |
| 2 | 北朝鮮 | 110 | 2 | ロシア | 205（1,130） | 2 | 中国 | 3,020 |
| 3 | 中国 | 98 | 3 | 中国 | 197（750） | 3 | ロシア | 1,470 |
| 4 | 米国 | 67 | 4 | 英国 | 68（130） | 4 | インド | 890 |
| 5 | パキスタン | 56 | 5 | インド | 48（320） | 5 | 韓国 | 620 |
| 6 | イラン | 50 | 6 | フランス | 40（260） | 6 | エジプト | 600 |
| 7 | 韓国 | 46 | 7 | インドネシア | 28（180） | 7 | 北朝鮮 | 550 |
| 8 | ベトナム | 41 | 8 | 韓国 | 26（240） | 8 | 台湾 | 520 |
| 9 | ミャンマー | 38 | 9 | イタリア | 23（180） | 9 | サウジアラビア | 440 |
| 10 | ロシア | 33 | 10 | トルコ | 22（200） | 10 | パキスタン | 430 |
| ― | 日本 | 14 | ― | 日本 | 50（140） | ― | 日本 | 380 |

（注1）陸上兵力は Military Balance 2020 上の Army の兵力数を基本的に記載*，海上兵力は Jane's Fighting Ships 2019 –2020 を基に艦艇のトン数を防衛省で集計，航空兵力は Military Balance 2020 を基に防衛省で爆撃機，戦闘機，攻撃機，偵察機等の作戦機数を集計。

（注2）日本は，令和元年度末における各自衛隊の実勢力を示し，作戦機数（航空兵力）は航空自衛隊の作戦機（輸送機を除く）および海自の作戦機（固定翼のみ）の合計。

*万人未満で四捨五入。米国は，陸軍48万人のほか海兵隊19万人を含む。ロシアは，地上軍28万人のほか空挺部隊5万人を含む。イランは，陸軍35万人のほか，革命ガード地上部隊の15万人を含む。

（出所）令和2年版防衛白書　図表Ⅰ－1－1

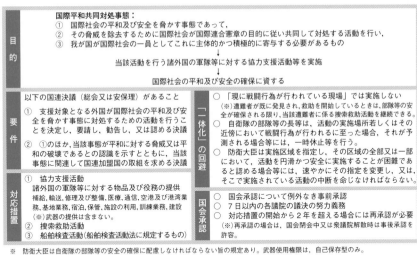

| 目的 | 国際平和共同対処事態：<br>① 国際社会の平和及び安全を脅かす事態であって，<br>② その脅威を除去するために国際社会が国際連合憲章の目的に従い共同して対処する活動を行い，<br>③ 我が国が国際社会の一員としてこれに主体的かつ積極的に寄与する必要があるもの<br>↓<br>当該活動を行う諸外国の軍隊等に対する協力支援活動等を実施<br>↓<br>国際社会の平和及び安全の確保に資する |
|---|---|

| 要件 | 以下の国連決議（総会又は安保理）があること<br>① 支援対象となる外国が国際社会の平和及び安全を脅かす事態に対処するための活動を行うことを決定し，要請し，勧告し，又は認める決議<br>② ①のほか，当該事態が平和に対する脅威又は平和の破壊であるとの認識を示すとともに，当該事態に関連して国連加盟国の取組を求める決議 | 「一体化」の回避 | ○ 「現に戦闘行為が行われている現場」では実施しない<br>（※）遭難者が既に発見され，救助を開始しているときは，部隊等の安全が確保される限り，当該遭難者に係る捜索救助活動を継続できる。<br>○ 自衛隊の部隊等の長等は，活動の実施場所若しくはその近傍において戦闘行為が行われるに至った場合，それが予測される場合等には，一時休止等を行う。<br>○ 防衛大臣は実施区域を指定し，その区域の全部又は一部において，活動を円滑かつ安全に実施することが困難であると認める場合等には，速やかにその指定を変更し，又は，そこで実施されている活動の中断を命じなければならない。 |
| 対応措置 | ① 協力支援活動<br>諸外国の軍隊等に対する物品及び役務の提供<br>補給，輸送，修理及び整備，医療，通信，空港及び港湾業務，基地業務，宿泊，保管，施設の利用，訓練業務，建設<br>（※）武器の提供は含まない。<br>② 捜索救助活動<br>③ 船舶検査活動（船舶検査活動法に規定するもの） | 国会承認 | ○ 国会承認について例外なき事前承認<br>○ 7日以内の各議院の議決の努力義務<br>○ 対応措置の開始から2年を超える場合には再承認が必要<br>（※）再承認の場合は，国会閉会中又は衆議院解散時は事後承認を許容。 |

※ 防衛大臣は自衛隊の部隊等の安全の確保に配慮しなければならない旨の規定あり。武器使用権限は，自己保存型のみ。

（出所）　内閣官房ウェブサイト

図 3-4　国際平和支援法

## コラム 3-1● 国際法上の戦争・武力行使の違法化

　かつて，戦争あるいは武力の行使は，国際紛争の解決手段の一つとして位置づけられ，国際法上も禁止されるものではありませんでした。しかし，徐々に紛争解決は平和的に行わなくてはならないとの考え方が広まってきたところ，第一次世界大戦の惨状を受けて，戦間期には，常設の国際裁判制度が整備されるとともに，戦争の違法化が進められました（たとえば，1928 年の不戦条約）。

　それでも，ここで禁止された「戦争」は，宣戦布告など「戦意の表明」を伴うものに限定され，これを欠く武力の行使（実際，日中間の「日中戦争」も宣戦布告のないまま始まり，拡大しました。当時日本政府が決定した公式の呼称は「支那事変」でした。）は規制できないなどの不備があり，第二次世界大戦の惨禍を防ぐことはできなかったのです。

　こうして第二次世界大戦後に誕生した国際連合は，その設立条約である，国連憲章の2条4で，「武力不行使原則」が定められ，戦意の表明の有無にかかわらず，およそ武力を行使することが禁止されました。また，国連憲章上のルールは，国連憲章の当事国，つまり，国連加盟国しか拘束しないものですが，現在では，慣習国際法という国際連合の加盟国以外の国々にも妥当するルールとしての武力不行使原則も成立していると考えられています。

　もっとも，武力不行使原則のもとでも，国連憲章 51 条が定める個別的・集団的両方の自衛権（これも慣習国際法上の国家の権利になっているとされます）の行使や国連の集団安全保障体制のもとで行われる武力の行使は，国際法上は合法であるとされています。

　文民統制とは，軍が文民（軍の構成員ではない者，主として国民から選ばれる政治家）によって指揮・統制されなければならないという原則のことです。これは，軍が独自の判断でその実力を行使し，民主主義や国民の自由を破壊してしまうのを防ぐため，立憲主義国において非常に重要な要請であると考えられています。国務大臣を文民に限る憲法 66 条 2 項は，その現れです（12.3.2）。また，今日では文民統制は議会が軍の編成や出動についての決定に参画することも要請すると解されています。日本でも自衛隊法などの法律により，自衛隊の防衛出動には国会の承認が必要とされており，また PKO についての国際平和協力法も，停戦監視などの目的での自衛隊の派遣には国会の承認を求めています。

# 第4章

# 基本的人権の尊重
—— 基本的人権Ⅰ ——

## 4.1 人権の分類論

　憲法は第3章で多くの基本的人権を保障していますが，その理解のためには，いくつかの権利ごとにまとめて分類することが役立ちます。まず，憲法が保障する権利は，大きく自由権，社会権，参政権，国務請求権に分けることができます。ただ，13条が保障していると考えられている包括的人権としての幸福追求権，及び14条の定める法の下の平等は，このような分類にはなじまず，それらと併置されます。

　立憲的意味の憲法による人権は，古典的には国家からの自由の保障を中核にしていました。日本国憲法の人権保障も自由権をその中核とします。自由権は，さらに大きく3つに分けられます。精神的自由，経済的自由，人身の自由です。これに対し，国家への請求権としての性格を有する社会権は，資本主義経済が発展する中，貧しい人々にも文化的な生活への権利を保障すべきだという声の高まりとともに，憲法に規定されるようになりました。ただし，通常，その実現のためには法律による具体化が必要であるというところが，国家に不作為を求める自由権保障とは異なります。また，参政権は選挙などによって国政に直接参加する権利のことで，民主主義の実現のために不可欠です。そして，憲法はその他にも，国家賠償請求権など国家に対する請求権をいくつか定めています。

## 4.2 人権の主体

　憲法第3章は「国民の権利及び義務」との表題の下に，多くの人権規定を置いています。ただ，今日の日本における人権保障の実態を把握するには，人権を侵害されたと主張する人々からの訴えに裁判所，特に最高裁判所がどのように応えたのか，つまり最高裁判例による憲法解釈を知る必要があります。そこで，本書でも人権規定については，著名な事件を取り上げながら説明することにしたいと思います。

　まず，10条は日本国民たる要件は法律で定めると規定します（BOX 7）。とはいえ，これは，法律でならどのように定めることも自由であるという意味ではありません（他の同様の文言を有する憲法条文の場合も同じです）。当然，他

## 表 4-1　人権規定の分類

### ■自由権（国家からの自由）[6 章～8 章]

国家からの介入・干渉を受けない権利

精神的自由 [6 章]：思想・良心の自由 [6.1]，信教の自由 [6.2]
　　　　　　　　　　表現の自由 [6.3]，学問の自由 [6.4]

経済的自由 [7 章]：職業選択の自由 [7.1]，財産権 [7.2]

人身の自由 [8 章]：適正手続保障 [8.1]，奴隷的拘束・拷問の禁止 [8.2]
　　　　　　　　　　逮捕・捜索の制限 [8.3]，刑事被告人の権利 [8.4]

### ■社会権 [9 章]

文化的な生活をおくれるよう国家に積極的な給付を求める権利

生存権 [9.1]・教育を受ける権利 [9.2]・労働基本権 [9.3]

### ■参政権 [10 章 10.1]

国の政治に参加する権利

例：選挙権

### ■国務請求権 [10 章 10.2]

国に「サービス」の提供を求める権利

例：裁判を受ける権利・国家賠償請求権・刑事補償請求権

### ■包括的基本権（幸福追求権：13 条）[4 章 4.5]

包括的な「受け皿」としての基本権

### ■法の下の平等（14 条）[5 章]

（注）　[　]内は本書で解説している部分を示します。

---

□□□ BOX 7──日本国憲法　第 3 章　国民の権利及び義務

第 10 条【国民の要件】　　日本国民たる要件は，法律でこれを定める。

第 11 条【基本的人権の享有】　　国民は，すべての基本的人権の享有を妨げら
れない。この憲法が国民に保障する基本的人権は，侵すことのできない永久の権
利として，現在及び将来の国民に与へられる。

の憲法条文に由来する要請は遵守しなければなりません。実際，後に述べるように，国籍法のある規定を，平等原則違反で違憲とした最高裁判決があります。

　では，外国人には憲法上の人権規定は適用されるのでしょうか。もちろん，11条が「国民は，すべての基本的人権の享有を妨げられない。」と規定しているように，憲法が主に念頭に置いているのは日本国民に対する権利保障です。しかし同時に，憲法が基礎とする個人の自由・平等の理念は，日本国民だけが人権保障に値するというような偏狭な思想とは相容れない，普遍的なものです。日本に居住する外国人がまったく憲法上の権利保障の枠外に置かれるという事態が，憲法適合的とは思えません。

　そこで，外国人に適用されるかどうかは，それぞれの権利の性質ごとに個別的に判断すべきだという権利性質説が通説的見解となっています。判例も，憲法上の人権規定は，「権利の性質上日本国民のみをその対象としていると解されるものを除き，わが国に在留する外国人に対しても等しく及ぶ」と述べ，権利性質説をとっています。通常，自由権は外国人にも保障されるが，社会権や参政権は当然には保障されない，といわれます。

　また，現代社会においては，個人でなく株式会社などの法人（法律により，構成員とは独立して法的行為の当事者となる能力が認められた団体）の行動が，社会的に大きな影響力をもっています。そこで，法人（より一般的には団体）が憲法上の人権の主体となるかという問題も提起されています。この問題については，現代社会における法人の有益性から，その人権主体性を原則として肯定する立場が一般的ですが，人権があくまでも個人の生まれながらの権利という思想的淵源を有していることにこだわり，法人に安易な憲法上の権利の援用を許すべきではないとい主張もなされています。確かに，すぐ次の私人間効力の箇所で述べるように，法人には個人の人権を抑圧する危険性もあるため，その憲法上の扱いには注意が必要です。

　最高裁は，株式会社の政治献金の許容性が問題となった八幡製鉄事件で，憲法上の権利は「性質上可能なかぎり，内国の法人にも適用される」と述べ，その特定政党への献金を許容しました（最大判昭和45・6・24民集24巻6号625頁）。しかし，政治参加において株式会社に個人と同じ立場を認めてよいのか，疑問も投げかけられています。

## クローズアップ4-1● 外国人には憲法上の人権規定は適用されるか

外国人の人権享有主体性について，最高裁が左頁で引用したような権利性質説を述べた判決は，ベトナム反戦運動に参加していた外国人が，それを理由にして日本での在留更新を拒否されたことを争った，マクリーン事件についてのものでした（最大判昭和53・10・4民集32巻7号1223頁）。最高裁は，性質説からして，マクリーン氏の政治活動の自由が憲法上保障されるものである可能性を認めます。しかし，最高裁は結局，在留更新の不許可を合法としました。それは，外国人の憲法上の権利は，あくまでも在留制度の枠内で認められているものであり，現行法で在留更新について法務大臣の裁量が広く認められる以上，憲法上保障される行為をそこで不利益に考慮することも許される，との理由によるものでした。

この判決に対しては，在留制度も法律が定めるものであり，憲法の拘束に服するはずであるとか，在留更新の際の裁量を制約できないのでは，人権を保障する意味が非常に薄れてしまう，といった批判があります。

## クローズアップ4-2● 法人の政治献金について

八幡製鉄事件は，会社の政治献金に反対する株主が，取締役が会社の資金から政治献金を行うことで会社に損害を与えたとして訴えたものでした。最高裁は，会社を憲法上の権利の主体だとしてその政治献金を認めたのですが，その理由を説明していません。人権が，もともと個人が生まれながらにしてもつ権利であるとすると，法律に基づいて設立される会社がなぜ憲法上の権利を有することができるのか，明らかではありません。また，そもそも私法上の寄附である政治献金を合法だというために憲法上の権利について論ずる必要はなく，「勇み足」の言及であったという批判も寄せられました。

その後，税理士会からの政治献金の合法性が争われた事件で最高裁は，会社とは異なり，これを否定する判断を示しました（南九州税理士会事件，最判平成8・3・19民集50巻3号615頁）。最高裁は，税理士会がその地域のすべての税理士の加入が法的に義務づけられている，いわゆる強制加入団体であることを重視します。そのような団体の構成員は必然的に多様な思想信条を有することになりますから，税理士会が特定の政治団体への寄附を行うことは許されない，と判断したのです。本判決は，法人（団体）の権利の範囲を，構成員個人個人の自由との関係に応じて判断する姿勢を示したものとして重要です。

## 4.3 人権規定の私人間における効力

　では，人権規定の名宛人，つまり人権を尊重するよう憲法によって義務づけられているのは，誰なのでしょうか。国家や地方自治体といった公権力がその名宛人であることは当然です。では，私人は憲法上の人権を守るよう義務づけられることはないのでしょうか。これは，人権規定の私人間効力の問題として論じられています。

　公権力以外の私人は大体平等な地位を有しているとの前提をとれれば，私人間の関係はその間での自由な交流による私的自治に任せておけばいい，と考えてもさほど問題はありません。しかし今日では，同じ公権力ならぬ私人といっても，巨大な会社組織と一個人が平等な立場で交渉できるというのは，非現実的想定というべきでしょう。私人が他の私人の自由な生き方を一方的に妨げる危険が増しているとの考察からは，憲法の人権規定は私人間にも適用されるものと理解すべきではないか，という主張がなされることになります。

　しかし，立憲主義の考え方は，本来自由な個人と本来法的拘束を受ける公権力という二極構造を論理的前提にしており，それを崩して私人にも憲法による拘束を直接及ぼすことには慎重であるべきだという主張の方が有力です。そこで，憲法は私人間に直接は適用されないが，民法など私法の一般条項（抽象的文言を用いており，解釈の幅が広い条文）の解釈に際して，人権保障の趣旨を取り入れるべきであるという，間接適用説が一般的となっています。最高裁も同様の立場であると解されています。

## 4.4 人権への制約原理としての公共の福祉

　12条は，国民は自由を「公共の福祉のために」使うべきであって，濫用してはならないと定め，また13条は「生命，自由及び幸福追求に対する国民の権利」が「公共の福祉に反しない限り」尊重されるべきことを定めます（BOX 8）。このように，憲法は「公共の福祉」を自由行使に対する制約原理として用いています。

　憲法上の自由保障は，各個人は他人に迷惑をかけても勝手に振舞ってよい，

## クローズアップ4-3● 人権規定の私人間効力

　人権の私人間効力についての注目を高めたのは，株式会社がある新入社員に対し，学生運動を行っていたことなどを隠して入社したとして，本採用を拒否したことの合法性が問題となった，三菱樹脂事件でした。最高裁はまず，憲法の人権規定は国又は公共団体と個人との間の関係を規律するものであって，私人相互の関係を直接規律するものではないといいます。ただ，私人間に社会的力関係において事実上の優劣が存在する場合には，立法によって対応するほか，「私的自治に対する一般的制限規定である民法1条*1，90条*2や不法行為に関する諸規定等」を適切に運用して，「社会的許容性の限度を超える侵害」に対処すればよい，と述べました（最大判昭和48・12・12民集27巻11号1536頁）。この判決は，一般に間接適用説をとったものと理解されています。

　ただし，最高裁は実際には会社側の雇い入れの自由を重視して，思想・信条を理由とする雇用拒否を容認しており，弱い立場にある採用希望者との適切な利益調整となっていないとの批判があります。

*1　民法1条1項　私権は，公共の福祉に適合しなければならない。
*2　民法90条　公の秩序又は善良の風俗に反する法律行為は，無効とする。
（ただし，事件当時の条文は口語化前のものでした。）

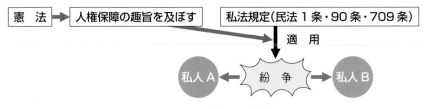

図4-1　間接適用説の構成

□□□ BOX 8──日本国憲法　第3章　国民の権利及び義務

第12条【自由・権利の濫用の禁止】　この憲法が国民に保障する自由及び権利は，国民の不断の努力によつて，これを保持しなければならない。又，国民は，これを濫用してはならないのであつて，常に公共の福祉のためにこれを利用する責任を負ふ。

第13条【個人の尊重・幸福追求権】　すべて国民は，個人として尊重される。生命，自由及び幸福追求に対する国民の権利については，公共の福祉に反しない限り，立法その他の国政の上で，最大の尊重を必要とする。

ということを意味していません。人々の共同生活を維持するためには，各人の自由が一定限度制約されることは不可避です。しかし，逆に公権力も，「公共の福祉」のためであれば人権をいくらでも制限できるというわけではありません。もしそんなことができるとしたら，憲法で人権を保障する意味が非常に薄れてしまいます。個別の場合に応じて，両者のバランスをとる必要があるのであり，裁判所の人権規定についての判決は，各事案におけるバランスのとり具合を判断しているのだといえるでしょう。

このバランスのとり方については，二重の基準論という考え方が一般的になっています。これは，表現の自由などの精神的自由への制約については，経済的自由への制約の場合よりも，公共の福祉による人権制約正当化を厳格に判断する，つまり制約を狭くしか認めない，というものです。その根拠としては，精神的自由は民主政治のために不可欠であり，また，立法者が敵対する勢力を不当に弾圧するために「公共の福祉」を口実として濫用する危険が大きい，といったことが挙げられます。判例も，一般論としては二重の基準論の考え方を採用しています。

## 4.5 幸福追求権，特にプライバシー権

13条は，「すべて国民は，個人として尊重される。」という個人主義の基本原理を述べる前段と，「生命，自由及び幸福追求」に対する権利に言及する後段からなります。全体として，先立つ2条と同じく，具体的な権利保障というより人権保障の基本原理を謳った条文のようにも見えます。しかし，判例・学説は，本条後段が，憲法の他の条文に明示されていない権利に憲法上の保障を与えるための根拠規定となると解釈してきました。

憲法の具体的権利保障は，憲法制定時において重要だと考えられていた権利を列挙しています。ただ，社会の変化とともに，個人が自由に生きていくためには，その他の権利も重要だと考えられるようになるのは自然なことです。個人の尊重を謳う憲法が，そのような新しい権利への憲法上の保障を排除しているとは考えがたいところです。そこで，13条後段の包括的な文言が，新たな権利に憲法上の保護を与えるための受け皿として使われるようになったのです。

## コラム 4-1 ● 二重の基準論をめぐって

　二重の基準論は，人権制約の合憲性を公共の福祉を理由にして簡単に認めていた初期の最高裁判例を克服しようとする努力の中で，アメリカの判例学説を参考にして日本で提唱されるようになりました。今日では判例通説といってよい理論となっています。

　ただ，二重の基準論の憲法解釈論上の根拠については，学説の間で激しい議論が行われてきました。二重の基準論は主に，表現の自由が民主政治において不可欠であり（自己統治），かつ精神的活動の自由が個人の人格的自律において不可欠である（自己実現）という2つの根拠に立脚しているといわれます。しかし，第一の論拠に対して，それでは政治的言論の自由の重要性しか論証できないという批判があり，第二の論拠に対しては，どの自由が重要かは各人様々であり，一概に精神的自由が重要だとはいえないとの批判があります。

　これらの批判に対してはさらに，政治的表現とそれ以外の表現を区別することは不可能であるとか，各人が職業などについても自律的判断を行える前提として，精神的自由が確保されていることが必要なのだ，といった再反論が行われています。最高裁も，一般論として二重の基準論を受け入れていますが，その主たる根拠は，表現の自由の民主政治における重要性に求められています。

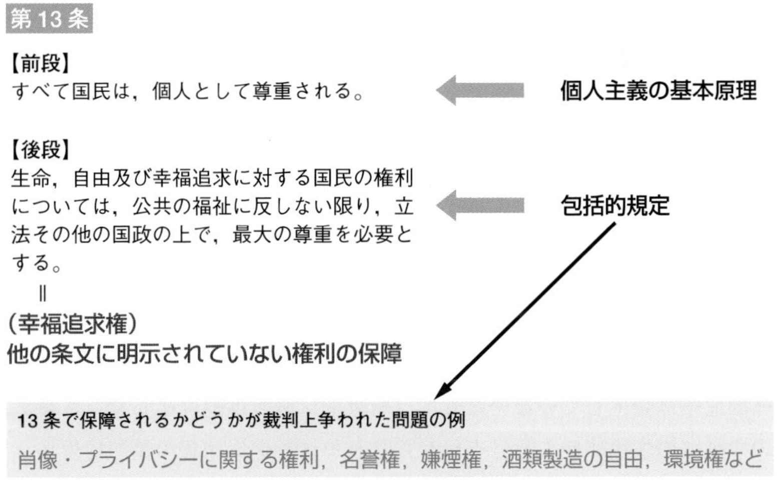

---

### 第13条

**【前段】**
すべて国民は，個人として尊重される。　　←　　**個人主義の基本原理**

**【後段】**
生命，自由及び幸福追求に対する国民の権利については，公共の福祉に反しない限り，立法その他の国政の上で，最大の尊重を必要とする。　　←　　**包括的規定**
　　＝
**（幸福追求権）**
他の条文に明示されていない権利の保障

**13条で保障されるかどうかが裁判上争われた問題の例**
肖像・プライバシーに関する権利，名誉権，嫌煙権，酒類製造の自由，環境権など

図4-2　**13条の構成**

後段の規定が保障する権利を「幸福追求権」と総称することがありますが，その具体的中身が問題となります。

判例は，13条で「私生活上の自由」が保障されていると述べています。これは，学説が「プライバシー権」と呼んでいる権利に，ほぼ対応します。コンピュータを用いた情報技術の発展は，私たちの暮らしを非常に便利にしましたが，その反面，個人に関する情報がどこか本人の知らない場所で大量に集められ，その生活が丸裸にされるような危険も出現しています。たとえば，街角や駅などに多く置かれるようになった監視カメラは，確かに犯罪防止や犯罪捜査に大変役立っています。が，他方でそれが濫用されれば，犯罪とは関係ない一般人であっても，その日常の行動まで公権力に筒抜けになってしまいます。「見られている」という心理的圧迫は，特に政治的活動をしている人たちを萎縮させる危険がありますし，実際にそういう人々への圧力手段として使われる可能性もあります。このような，情報技術の発展によって増大してきた自由への危険に対応して，プライバシー権が提唱されてきました。この権利は一般に，自己に関する情報を自分で管理することへの権利（自己情報コントロール権）であると解されています。

判例は，犯罪捜査のためであってもみだりに写真を撮られない権利や，指紋押捺をみだりに強制されない権利などが，13条で保護される「私生活上の自由」に含まれると述べています。また，自治体の有する住民情報のうち，氏名や生年月日，住所などの情報を電子化して，他の自治体とネットワークでつないで情報をやりとりできるようにした住民基本台帳ネットワークについて，情報の漏洩や濫用の危険から13条違反が訴えられた事件において，最高裁は「個人に関する情報をみだりに第三者に開示又は公表されない自由」も13条で保護されると認めました（最判平成20・3・6民集62巻3号665頁）。最高裁は，自己情報のコントロールが広く憲法上の保護に値することを認めているといえます。ただし，この事件では，漏洩や乱用の危険には法的対処がなされており，具体的危険は発生していないとして，結果的に訴えは退けました。さらに，日本のすべての住民に個人番号を付し，それを含む個人情報の情報提供ネットワークシステムによる流通を認める，いわゆるマイナンバー制度についても，最高裁は，「秘匿性の高い情報が多数含まれる」ことを認めつつ，種々の対処が

**図 4-3　街の中の監視カメラ（横浜市伊勢佐木町）**

（写真提供：毎日新聞社）

## コラム 4-2● 個人情報保護法

　コンピュータによる情報集積能力が高まるにつれ，自己に関する情報が他人によって勝手に収集・利用されることからの保護の必要性も高まっています。そこで，2003 年（平成 15 年）に「個人情報の保護に関する法律」と「行政機関の保有する個人情報の保護に関する法律」が制定され，個人情報保護法制が整備されました。前者の法律が民間組織，後者が国の行政機関を対象にして，個人情報の収集・利用について規律しています。個人情報は特定の利用目的のためにのみ保有できること，法令に基づく場合などを除いて第三者に提供してはいけないこと，保有個人情報が漏洩などしないよう安全措置を講ずるべきこと，本人からの開示請求に原則として応ずべきことなどを内容とします。

　行政機関に対して，社会的差別の原因となりうる出生に関する情報や思想・信条に関する情報，病歴など，特に他者に知られたくないと思われる一定の情報（「センシティブ情報」と呼ばれる）の収集を原則として禁止するという規制や，個人情報は直接本人から取得すべきであるという原則が盛り込まれていないことについては，不十分だという批判があります。

なされており漏洩や目的外利用の危険性は極めて低いとして，合憲性を認めています（最判令和5・3・9民集77巻3号627頁）。

　学説上は，プライバシー権の他にも，自分の生き方を自分で決める，自己決定権も13条で保障されているという理解が有力です。この自己決定権は，特に家族関係の形成や，尊厳死の選択などにおいて重要であり，憲法上の保護に値するとされます。ただ，判例はまだ，このような自己決定権を13条が保障する権利として認めるには至っていません。民法が夫婦別姓を認めないことの合憲性が問題となった事件で，最高裁は，氏名は「その個人の人格の象徴」であると認めつつ，氏には家族の呼称としての意義があることなどを理由として，婚姻の際に氏の変更を強制されない自由が憲法上の権利として保障されているとはいえない，と判示しています（最大判平成27・12・16民集69巻8号2586頁）。

### コラム4-3● 性同一性障害者の性別変更要件の違憲判決

　最高裁は最近，性同一性障害者の性別の取扱いの特例に関する法律が，生物学的性別と異なる性別確信を有する性同一性障害者に対し性別変更を認める要件の一つとして，「生殖腺がないこと又は生殖腺の機能を永続的に欠く状態にあること」を定め（3条1項4号），事実上生殖腺除去手術を受けることを求めていることを憲法違反であると判断しました（最大判令和5・10・25）。この判決は，憲法13条は「自己の意思に反して身体への侵襲を受けない自由」を「人格的生存に関わる重要な権利として」保障しているとしたうえで，問題となった要件は，「性同一性障害者に対して，性自認に従った法令上の性別の取扱いを受けるという重要な法的利益を実現するために，同（生殖腺除去）手術を受けることを余儀なくさせるという点において，身体への侵襲を受けない自由を制約するもの」だとします。そして，変更前の性別の生殖機能により子が生まれた場合の社会的混乱の防止等の理由でこの要件を課す必要性は低減していること，医学的知見の進展を踏まえると性別変更のために生殖腺除去手術を迫ることの合理的関連性は失われていることなどを理由にして，必要かつ合理的な制約とはいえないと判断しました。

　本判決は，最高裁が，憲法13条が「私生活上の自由」以外にも具体的権利を保障していることを初めて明確に認め，しかも初めて同条違反を理由とする違憲判断に至った点で，大変重要といえます。ただ，「身体への侵襲」という，大変深刻ではあるが例外的な自由制約形態についての判断ですので，その他の場合にどのような権利が「人格的生存に関わる重要な権利」として憲法13条で保障されることになるかについては，なお不明確ということになるでしょう。

# 第5章

# 法の下の平等
──基本的人権Ⅱ──

【本章で解説する部分】

　14条は法の下の平等を定める，重要な条文です（BOX 9）。すべての個人が法的に平等の存在として取り扱われるべきことは，立憲主義の基本原理に属します。14条2項，3項は平等に反する貴族などの制度の禁止について定めており，1項が一般的な差別禁止を定めています。今日実際に問題となるのは，ほぼ1項に限定されます。1項は法の下の平等を謳っていますが，国が立法や行政を行う際には，何らかの形でその対象を区分するのが普通であり，国民をあらゆる観点で平等に扱えというような要求はナンセンスです。憲法が要求しているのも，国家による国民の区分には合理的理由がなければならないということであり，最高裁判例も一般論としてこのような趣旨を述べています。

　しかし，これは他の人権制約についてもいえることですが，立法者は自分がつくる法律には一応の理由があると考えているはずです。とすると，裁判所が立法者の言い分を鵜呑みにするのであれば，およそどんな区分にも理由があることになり，憲法が平等保護を定めた意味がなくなってしまいます。そこで，具体的事案が憲法違反の差別にあたらないかは，政治における区分の必要性と憲法の平等保障の趣旨の双方を考慮して判断しなければならないということになります。

　このような配慮の現れとして，14条1項後段列挙事由（「人種，信条，性別，社会的身分又は門地」）は憲法が特に差別を警戒すべき事項として列挙したものであり，これらを用いて国民を区分する法律に対しては，その合憲性が疑わしいとの前提から審査すべきであるとの見解が有力に表明されています。「信条」以外の列挙事由は，生まれによる属性であって個人の力では変えられないものであり，そのような属性による区別は個人主義の見地から原則として認められないこと，また，「信条」も個人の内心の核心的部分として，それによる不利益付与は避けるべきことも，列挙事由による区別を特に疑わしいものとみなす理由となります。この見解は，列挙事由が問題となる場合には，立法者の説明を信用せず，裁判所が区分の必要性について独自の立場から厳格に審査すべきだという理論です。ただし，判例は，後段列挙事由は単なる例示であって特に意味はないとの立場をとっています。

第14条【法の下の平等，貴族制度の禁止，栄典について】　①　すべて国民は，法の下に平等であつて，人種，信条，性別，社会的身分又は門地により，政治的，経済的又は社会的関係において，差別されない。

②　華族その他の貴族の制度は，これを認めない。

③　栄誉，勲章その他の栄典の授与は，いかなる特権も伴はない。栄典の授与は，現にこれを有し，又は将来これを受ける者の一代に限り，その効力を有する。

表 5-1　憲法 14 条の構造

---

**1項　一般的な差別禁止規定**

➡　最高裁：合理的な理由のない区別の禁止と解釈

　　…立法上の区別の必要性と憲法の平等保障の趣旨の双方の考慮が必要

　後段列挙事由＝「人種，信条，性別，社会的身分又は門地」について，最高裁は単なる例示として，特に意味を認めていません。学説には，これらの事由による区別は原則として認められないという法的意味を認めるものが多いです。

　ただし，裁判所も，問題となる区別の性質に応じて審査の厳格度を変えているようです（国籍法違憲判決についての説明を参照）。

---

**2項　貴族制度の禁止**

　戦前には世襲に基づく華族制度が存在し，貴族院議員はこの華族から選ばれていましたが，日本国憲法で華族制度が廃止され，貴族院も当然消滅しました。天皇制は，憲法自身が認める例外です。

---

**3項　栄典の授与に伴う特権付与の禁止，効力の一身専属性**

　各種の勲章などの栄典の授与は，7条7号で天皇の国事行為として定められていますが，実質的には内閣が決定します。本項は，この栄典にさらなる特権を付随させることを禁止しています。また，栄典の効力を一代に限ることで，実質的に貴族制度が復活することを防止しています。

---

## 5.2 　14条の判例①　家族関係

### 5.2.1　尊属殺重罰規定違憲判決

　14条関連では，重要な判例が多くあります。かつての刑法200条は，自己又は配偶者の直系尊属への殺人罪を一般の殺人罪である199条（当時の法定刑は，死刑，無期懲役，もしくは3年以上の懲役）とは別に定め，しかも死刑もしくは無期懲役のみという非常に重い法廷刑を定めていました。1973年（昭和48年）の最高裁判決は，この条文が直系尊属の殺人者を他の殺人者よりも過度に厳重に処罰するものであるとして，違憲だと判断しました（最大判昭和48・4・4刑集27巻3号265頁）。判決は，尊属に対する尊重報恩は刑法上の保護に値するとし，尊属殺人を他の殺人と区別して重く処罰すること自体は認めるのですが，具体的に定められた法定刑は重すぎ，一般の殺人罪の法定刑との違いを正当化することはできないと考えたのです。これに対しては，尊属は尊属だというだけで特に尊重に値するという考え方は，日本国憲法の立脚する個人主義に反するという立場から，そもそも尊属殺人を一般の殺人とは区別して重く処罰すること自体が違憲であったとの見解も強く主張されていました。現在は，この刑法200条は廃止されています。

### 5.2.2　非嫡出子の権利

　同じ家族関係でも，かつて民法900条4号但書前段にあった非嫡出子（婚外子）相続分不平等（嫡出子の2分の1の相続分しかない）は，1995年（平成7年）の最高裁決定で合憲とされました（最大決平成7・7・5民集49巻7号1789頁）。ここでは，相続分の定め方についての立法者の裁量の広さが尊重され，非嫡出子がこの程度の不利益を被ることも，法律婚保護という正当な目的のために許容できるとされています。判決は，相続制度をどのように構築するかについては各国立法者の裁量が広く，また法定相続分は遺言のない場合に適用される補充的規定にとどまるとして，緩やかな審査を正当化しています。学説では，非嫡出子とは，当事者の力ではいかんともしがたい生まれによる身分に他ならず，後段列挙事由の「社会的身分」に該当するとして立法者の判断の合理性を厳格に審査すべき事案だったはずだとの批判がありました（この問題

## コラム 5-1●尊属殺人の反道徳性について

　左頁の尊属殺重罰規定違憲判決は，親族の間には「おのずから長幼の別や責任の分担に伴う一定の秩序」があり，「尊属に対する尊重報恩は，社会生活上の基本的道義というべく，このような自然的情愛ないし普遍的倫理の維持は，刑法上の保護に値するものといわなければならない」と述べ，尊属殺人を普通殺人よりも重く処罰すること自体は認めています。ただ，法定刑を死刑または無期懲役のみとするのは，この法益保護目的のためとしては不相応に重すぎる，と考えたのです。

　確かに，自分の親を殺す行為は特に非難に値するようにも思えます。しかし，実際の尊属殺人事件の多くは，子どもが利己的理由で親を殺すというようなものではなく（そんなことをできる人間は，幸いほとんどいないのです），子どもの方が，親からの仕打ちに精神的・肉体的に追いつめられて殺害に至るというものなのです。違憲判決を導いた尊属殺人事件はその極端な例で，被告人女性が父親から長年にわたって肉体関係を強要され，5人の子どもをもうけるに至っていたというものでした。被告人が他の男性と結婚しようとしたところ，父親からさらに暴行や虐待を受け，この境遇から逃れるためにとっさに父親を絞殺してしまったのでした（本事案についてのより詳しい説明が，『グラフィック法学入門』（第1章）にあります）。

　子どもは自分の親を選べません。それでも，子どもには特に親を尊重するよう刑罰で強制することが許されるのでしょうか。親が子どもを殺すことと，子どもが親を殺すこと，そしてある人が親でも子でもない人を殺すこと，この3つの行為の反道徳性の間に，「普遍的」視点から差をつけることができるのでしょうか。皆さん各自で考えてみてください。

---

### 参考資料■刑法200条　改正前と1995年改正後

（尊属殺）

**第200条**　自己又は配偶者の直系尊属を殺したる者は死刑又は無期懲役に処す
（原文はカタカナ書き）

＊改正後

第200条は削除。この他，第205条2項の尊属傷害致死の規定，第218条2項の尊属遺棄の規定，第220条2項の尊属逮捕監禁の規定も削除された。

に関する，その後の新しい最高裁決定については後述します）。

　近時注目された最高裁判決として，父のみを日本国民とする非嫡出子が届出によって日本国籍を得るための要件が，憲法違反とされた事例があります（母が日本国民である非嫡出子は，出生とともに日本国籍を取得しますが，非嫡出子の場合法律上の父子関係は認知がないと生じないため，通常は父親の日本国籍を理由にして出生により国籍を得ることはできないのです）。当時の国籍法では，このような場合，子の出生後に父母が婚姻したときに限って届出による国籍取得を認めていました。最高裁は，問題となる日本国籍が重要な法的地位であること，また父母が婚姻するか否かという本人の意思や努力とは関係ない事柄による区別であることを理由にして，この要件の合憲性は「慎重に検討することが必要」だという立場を示しました。そして，出生後の国籍取得の場合に，日本人の子どもであるというだけではない我が国との結び付きを求めること自体は肯定しつつも，父母の婚姻を子どもの我が国との結び付きの指標として使用することには，家族のあり方が多様化した今日ではもはや合理的理由が認められないとし，この要件を憲法違反として，日本国民を父にもつ子どもに広く日本国籍取得の道を開いたのです（最大判平成20・6・4民集62巻6号1367頁）。関係条文は，その後判決の趣旨に沿って改正されています。

　この判決が，本人の能力とは無関係の事柄による区分の合憲性は慎重に判断すべきだとの姿勢を示した点は注目できます。ただし，この姿勢からすれば非嫡出子の相続分区別規定の合憲性は改めて疑問視できそうです。そして実際に，2013年（平成25年）になって，最高裁は非嫡出子相続分不平等規定を，もはや違憲であると判断しました（最大決平成25・9・4民集67巻6号1320頁）。この決定は，近年における家族形態の多様化やこれについての国民意識の多様化などの状況の変化の中で，「家族という共同体の中における個人の尊重がより明確に認識されてきた」と指摘した上で，「父母が婚姻関係になかったという，子にとっては自ら選択ないし修正する余地のない事柄を理由としてその子に不利益を及ぼすことは許され」ないとして，同規定を憲法14条1項違反と判断したのです。生まれによる差別を許さないという原則を貫いたという点で，重要な判決だといえるでしょう。この判決の後，問題となった規定は削除されました。

**参考資料■国籍法３条　最高裁判決までの条文と判決後の改正条文との対比**

（準正による国籍の取得）

**第3条**　父母の婚姻及びその認知により嫡出子たる身分を取得した子で20歳未満のもの（日本国民であつた者を除く。）は，認知をした父又は母が子の出生の時に日本国民であつた場合において，その父又は母が現に日本国民であるとき，又はその死亡の時に日本国民であつたときは，法務大臣に届け出ることによつて，日本の国籍を取得することができる。

➡改正後

（認知された子の国籍の取得）

**第3条**　父又は母が認知した子で20歳未満のもの（日本国民であつた者を除く。）は，認知をした父又は母が子の出生の時に日本国民であつた場合において，その父又は母が現に日本国民であるとき，又はその死亡の時に日本国民であつたときは，法務大臣に届け出ることによつて，日本の国籍を取得することができる。

＊条文上は母の認知も登場しますが，実務上，母子関係は非嫡出子についても常に分娩によって当然に発生するとされています。

---

**参考資料■民法900条　最高裁決定までの条文と決定後の改正条文との対比**

（法定相続分）

**第900条**　同順位の相続人が数人あるときは，その相続分は，次の各号の定めるところによる。

　1　子及び配偶者が相続人であるときは，子の相続分及び配偶者の相続分は，各2分の1とする。

　2　配偶者及び直系尊属が相続人であるときは，配偶者の相続分は，3分の2とし，直系尊属の相続分は，3分の1とする。

　3　配偶者及び兄弟姉妹が相続人であるときは，配偶者の相続分は，4分の3とし，兄弟姉妹の相続分は，4分の1とする。

　4　子，直系尊属又は兄弟姉妹が数人あるときは，各自の相続分は，相等しいものとする。ただし，嫡出でない子の相続分は，嫡出である子の相続分の2分の1とし，父母の一方のみを同じくする兄弟姉妹の相続分は，父母の双方を同じくする兄弟姉妹の相続分の2分の1とする。

4号の中の「，嫡出でない子の相続分は，嫡出である子の相続分の2分の1とし」を削除

➡改正後の4号

　子，直系尊属又は兄弟姉妹が数人あるときは，各自の相続分は，相等しいものとする。ただし，父母の一方のみを同じくする兄弟姉妹の相続分は，父母の双方を同じくする兄弟姉妹の相続分の2分の1とする。

### 5.2.3 再婚禁止期間

　民法733条1項は，女性にのみ，婚姻の解消又は取消の日から6か月を経過した後でなければ再婚することができないという再婚禁止期間を設けてきました。これは，女性に前婚終了後間もない時期の再婚を認めると，再婚後すぐに出産された子供の父親がどちらの婚姻の相手方男性か，法的に特定することが困難になるという理由に基づく規定です。最高裁は，2015年（平成27年）に，法的に父性の推定の重複を回避するために必要な100日間の再婚禁止期間については合憲とする一方，それを超える期間は合理性を欠き憲法違反であるとの判断を示しました（最大判平成27・12・16民集69巻8号2427頁）。婚姻の自由を重視し，男女の不平等を必要な限度にとどめる姿勢を示したものといえます。判決を受けて，再婚禁止期間は100日に短縮されました。

## 5.3　14条の判例②　投票価値

　このほかに重要な事例として，選挙における一票の価値の較差の不平等に関するいくつかの判例があります。

　選挙が複数の選挙区に区切って行われる場合，選挙区ごとに有権者と当選者の数の比率が異なることがあります。たとえば，A選挙区では5万人の有権者が1人の議員を選ぶのに対して，B選挙区では10万人が1人を選ぶのだとすると，B選挙区で投じられる1票が選挙結果全体に対して有しうる影響力はA選挙区のそれの半分しかないということになります。確かに有権者は形式的にはみな1票を有していますが，このような状態では，その1票のもつ価値に差別が生じているのではないでしょうか。日本では，高度成長期に人口が地方から都市部へと大きく移動しましたが，議員の定数配分の変更がそれに沿ってなされなかったため，相対的に都市部の議員数が人口比率で過少となり，都市住民の1票が地方住民の1票よりも軽い価値しかもたない状況となっていました。

　1976年（昭和51年）の最高裁判決は，憲法は投票価値の平等まで求めていると初めて明示し，選挙区割りに際しての立法者の裁量を広く認めつつも，当時最大で約1対5にまで達していた衆議院における較差は違憲であると結論づけました（最大判昭和51・4・14民集30巻3号223頁）。最高裁は，人口の移

**参考資料■民法733条・772条**

（再婚禁止期間）

改正前　**第733条**　① 　女は，前婚の解消又は取消しの日から6箇月を経過した後でなければ再婚をすることができない。
　　② 　女が前婚の解消又は取消しの前から懐胎していた場合には，その出産の日から，前項の規定を適用しない。

改正後　**第733条**　① 　女は，前婚の解消又は取消しの日から起算して100日を経過した後でなければ，再婚をすることができない。
　　② 　前項の規定は，次に掲げる場合には，適用しない。
　　1 　女が前婚の解消又は取消しの時に懐胎していなかった場合
　　2 　女が前婚の解消又は取消しの後に出産した場合

（嫡出の推定）

　　**第772条**　① 　妻が婚姻中に懐胎した子は，夫の子と推定する。
　　② 　婚姻の成立の日から200日を経過した後又は婚姻の解消若しくは取消しの日から300日以内に生まれた子は，婚姻中に懐胎したものと推定する。

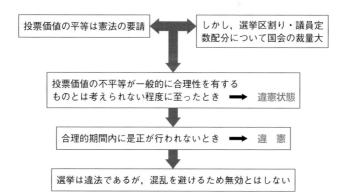

前婚終了後100日以内に再婚すると，子の父親についての法的推定が重なる可能性があるが，100日を過ぎていれば重なることはない。

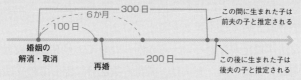

図5-1　**衆議院の投票価値較差の合憲性に関する昭和51年判決の枠組み**

ただし，近年の判例は，較差の合憲性は「国会に与えられた裁量権の行使として合理性を有するか否か」によって判断すると述べており，国会の裁量権を強く尊重する表現は用いなくなっています。

動により選挙区間の投票価値の較差が正当化できない程度に至っても（これを「違憲状態」と呼ぶ），直ちにそれが違憲となるわけではなく，それから較差是正の立法のために必要な合理的期間を経過してもなお是正がなされない場合に初めて違憲となるという判断枠組みを立てています。ただし，選挙を後から無効にすると混乱が生じるとして，選挙自体の効力は否定しませんでした。

　衆議院の選挙制度は，1994年（平成6年）に改正され，小選挙区比例代表並立制になりました。この制度のもとでも小選挙区（1選挙区から最多得票の1人のみ当選する）間での投票価値不平等が問題となりますが，新制度はこの点で新たな問題を抱えていました。それは，法律が選挙区割りに際して，すべての都道府県にまず1選挙区を確保し，残りの議員定数のみを人口に比例して各都道府県に配分するという方針（「1人別枠方式」）を明示していたからです。人口の都市への移動で徐々に較差が拡大するというのではなく，最初から地方に厚く議員数を配分して人口比例を崩すことが認められていたのです。そのため，投票価値の最大較差は1対2を超えていました。

　このような法律規定が合憲といえるのかについて，最高裁は最近まで，その合憲性を肯定してきました。判決は，議員定数配分に際しての立法者の裁量を広く認め，過疎化対策として地方に意図的に議員を厚く配分することもある程度は認められる，と述べました（最大判平成11・11・10民集53巻8号1441頁など）。これに対しては，そのような措置は民主政の基盤である各有権者の平等を崩す措置であって許されず，過疎化対策は公正な選挙で選ばれた議員が国会で全国的視野から考えるべきものだという批判が強かったところです。

　ところが，2011年（平成23年）最高裁判決は，実質的に判例を変更し，この1人別枠方式は憲法上正当化できないとしました。国会議員は全国民の代表であり，その選出過程で有権者を地域によって区別して扱う合理性は存在しない，としたのです。ただし，前の選挙について最高裁自身が合憲判決を出していたことなどを考慮して，選挙時には是正のための合理的期間はまだ過ぎていなかったと判断しています（最大判平成23・3・23民集65巻2号755頁）。さらに，この違憲状態判決にもかかわらず，選挙区割りを改正しないまま行われた2012年（平成24年）の衆議院選挙についても，最高裁は違憲状態判決を繰り返しました（最大判平成25・11・20民集67巻8号1503頁）。2011年判決

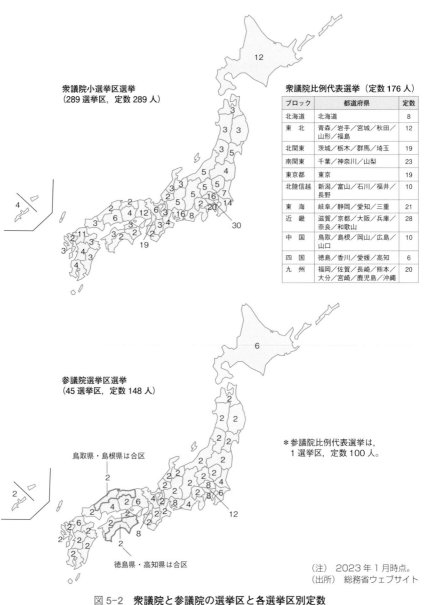

衆議院小選挙区選挙
（289 選挙区，定数 289 人）

**衆議院比例代表選挙（定数 176 人）**

| ブロック | 都道府県 | 定数 |
|---|---|---|
| 北海道 | 北海道 | 8 |
| 東 北 | 青森／岩手／宮城／秋田／山形／福島 | 12 |
| 北関東 | 茨城／栃木／群馬／埼玉 | 19 |
| 南関東 | 千葉／神奈川／山梨 | 23 |
| 東京都 | 東京 | 19 |
| 北陸信越 | 新潟／富山／石川／福井／長野 | 10 |
| 東 海 | 岐阜／静岡／愛知／三重 | 21 |
| 近 畿 | 滋賀／京都／大阪／兵庫／奈良／和歌山 | 28 |
| 中 国 | 鳥取／島根／岡山／広島／山口 | 10 |
| 四 国 | 徳島／香川／愛媛／高知 | 6 |
| 九 州 | 福岡／佐賀／長崎／熊本／大分／宮崎／鹿児島／沖縄 | 20 |

参議院選挙区選挙
（45 選挙区，定数 148 人）

鳥取県・島根県は合区

＊参議院比例代表選挙は，
1 選挙区，定数 100 人。

徳島県・高知県は合区

（注）　2023 年 1 月時点。
（出所）　総務省ウェブサイト

**図 5-2　衆議院と参議院の選挙区と各選挙区別定数**

を受けて1人別枠方式は廃止され，2014年12月の総選挙は総定数を5減らした新たな区割りで行われました。ただ，小幅の手直しにとどまっており，最大較差はやはり1対2を超えていました。最高裁はこの新区割りも違憲状態と判断しました（最大判平成27・11・25民集69巻7号2035頁）。

　その後，国会は，将来的には各都道府県への議員定数配分をアダムズ方式と呼ばれる人口に比例した配分方式（ただし，人口の少ない地方に比較的有利）で定めることとしつつ，2020年の国勢調査まではその方式の実施を部分的なものにとどめる法律を制定し，この仕組みに従ってなされた選挙区割りによって，2017年10月に総選挙が行われました。最大較差はようやく1対2未満にとどまりました。最高裁は，この選挙の際の投票価値較差について，合憲と判断しました（最大判平成30・12・19民集72巻6号1240頁）。同じ選挙区割りで2021年10月にも総選挙が行われましたが，そのときには最大較差は1対2を少し超えていました。それでも最高裁は，アダムズ方式による新区割制度によって較差の是正が予定されていることなどを理由にして，合憲との判断を維持しました（最大判令和5・1・25民集77巻1号1頁）。実際にアダムズ方式を全面的に適用した選挙区割りを定める公職選挙法改正が成立していますが，それでも2倍程度の最大較差は残っています。

　こうして，投票価値の平等について，近年最高裁は厳しい姿勢を見せています。参議院について判例は，衆議院よりも立法裁量を認める姿勢を一貫してとっていますが，ここでも近年は裁量の限界を強調する判示が目立っており，2012年（平成24年）判決（最大判平成24・10・17民集66巻10号3357頁）は，最大較差1対5であった当時の定数配分規定を違憲状態であると判示しています。参議院については，現在の都道府県ごとの選挙区では，その間の人口較差が大きすぎて，議員定数をどう配分しようが投票価値の不平等を大幅に改善するのは現実的に困難な状況です。選挙制度自体の見直しが迫られています。

　最高裁は 1983 年（昭和 58 年）の判決（最大判昭和 58・4・27 民集 37 巻 3 号 345 頁）では，二院制の趣旨からして，参議院には衆議院とは異なった選出方法を採用することも許され，地域代表性などを考慮して人口比例をある程度弱めることも認められるとし，1 対 5 を超える較差も合憲だと判断しました。しかし，2012 年（平成 24 年）の判決は，「参議院議員の選挙であること自体から，直ちに投票価値の平等の要請が後退してよいと解すべき理由は見いだし難い。」と述べ，事実上判例を修正するに至っています。このような態度の厳格化の背景には，参議院において約 1 対 5 という大きい較差が長年持続し，立法者による自主的是正が期待できないと判断せざるを得ない状況であることや，いわゆる「ねじれ国会」が生じ，参議院の国政上の影響力の強さが注目される中，投票価値不平等の放置の問題性がより深刻に意識されるに至ったことなどがあると思われます。

　参議院の選挙区は，2015 年（平成 27 年）に，鳥取県と島根県，徳島県と高知県を合区して，当該地域の議員定数を減らすなどした改正がなされましたが，まだ約 1 対 3 の較差が残っています（図 5-3 参照）。この定数配分で行われた選挙につき最高裁は，合区という「これまでにない手法」を使って較差縮小を図ったことなどを評価し，合憲と判断しました（最大判平成 29・9・27 民集 71 巻 7 号 1139 頁）。

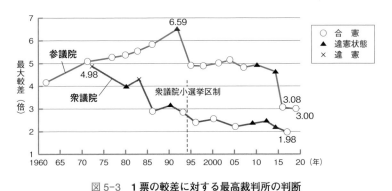

図 5-3　**1 票の較差に対する最高裁判所の判断**

# 第6章

# 精神的自由

## ──基本的人権Ⅲ──

　日本国憲法は **19条**で思想及び良心という内心の自由を保障する条文をおいています（BOX 10）。これは，戦前における，政府の政策に反対する勢力に対する激しい思想弾圧に対する反省を意味するものといえます。

　とはいえ，内心自体は法的規制の枠外にあり，この条文が問題となることはあまりありませんでした。しかし，近年，公立学校での入学式や卒業式で国旗（日の丸）を掲揚し国歌（君が代）を斉唱することが義務づけられるようになり，国旗・国歌に反対する勢力，あるいは少なくとも国旗や国歌への敬意をそのような式典で強制することに反対する人々との間で事件が多数生じ，憲法**19条**がクローズアップされるようになりました。具体的には，国歌のピアノ伴奏を拒否した音楽教師や，国歌を起立して斉唱することを拒否した教師に対する懲戒処分の合憲性が裁判で争われました。処分を受けた側は，内心における確信に反する行為を強制することは，**19条**の思想・良心の自由保障に反する，と主張しました。

　しかし，最高裁は，起立斉唱を拒否した教師に対する処分について，学校の式典での国歌斉唱は慣例上の儀礼的な行為であって，君が代に対する否定的な評価自体を否定するものではないといいます。また最高裁は，起立斉唱行為が君が代への敬意の表明という要素を含み，それは君が代に敬意を抱かない者にとって思想・良心の自由に対する間接的制約となることは認めつつ，このような式典において国歌の起立斉唱を求めることには合理性があるとして，この間接的制約を正当化し，憲法19条違反を認めませんでした（最判平成23・6・6民集65巻4号1855頁など）。

　これに対しては，起立斉唱を命ずる職務命令は単に儀礼的行為を求めるものではなく，君が代を拒否する者に対する否定的評価に基づいてその者に内心に反する行為を強要しようとするものであり，簡単に合憲ということはできないという反対意見が，最高裁内部でもありました。

第 19 条【思想及び良心の自由】　思想及び良心の自由は，これを侵<ruby>侵<rt>おか</rt></ruby>してはならない。

## クローズアップ 6-1 ● 日本の国旗・国歌について

　日本の国旗・国歌についてきちんと定める法律は，戦前・戦後を通じ，長く存在しませんでしたが，「日の丸」を国旗，「君が代」を国歌とする扱いが，戦後も継続してきました。しかし，「日の丸」や「君が代」が戦前の軍国主義やアジアでの戦争において果たした役割からして，それらを戦後日本の国旗・国歌として認めることはできないと考える人々の反対が根強くあります。また，「君が代」が長く続くように願う「君が代」の歌詞は天皇制の存続を願うもので，国民主権にそぐわないという反対論もあります。

　文部省（現在は文部科学省）の定める学習指導要領は，1989 年の版から入学式や卒業式において「国旗を掲揚するとともに，国歌を斉唱するよう指導するものとする。」と定めるようになり，これはそれら儀式での国旗掲揚・国歌斉唱を義務づけるものだという解釈が示されています。しかし，この段階では国旗・国歌についての法律がなかったこともあり，教職員組合などによる強い反対運動が起きました。

　このような状況を背景に，1999 年（平成 11 年）「国旗及び国歌に関する法律」が制定され，日章旗が国旗，「君が代」が国歌と公式に定められました。国会での議論において，政府はこの法律が国民に国旗・国歌を強制する意味をもつものではないと答弁しています。しかし実際には，本法律成立後，学校儀式での国旗掲揚・国家斉唱がより厳しく求められるようになり，これに反対する教員に対する懲戒処分が相次いでいます。

## コラム 6-1 ● 思想・良心の自由に関するその他の事例

　憲法 19 条との関連では，他人の名誉を毀損した者に裁判所が命じることがある，被害者への謝罪広告の合憲性が，長く論じられてきました。裁判所で敗訴しても自分は正しいと思い続けている人に，「陳謝の意を表します。」などの謝罪の意思を示すよう強制してよいのか，という問題です。最高裁は，この程度の表現を強制することは合憲であると判断していますが（最大判昭和 31・7・4 民集 10 巻 7 号 785 頁），違憲説も主張されています。

## 6.2 信教の自由・政教分離

　憲法 20 条は信教の自由と政教分離を定めています（BOX 11）。信教の自由は他の人権と同じく個人の権利ですが，国の宗教活動を禁じる政教分離はそれとは違った性質をもちます。国が宗教活動をすることだけでは，直接には誰かの権利を害することにはなりません。国が一定の思想に基づいて政策を決定しても，それが直ちにその思想に反対する人々の自由を侵害することにはならないのと同様です。しかし，憲法は宗教については，このような直接的権利侵害に至らない行為も禁止したのです。これは，戦前に国家権力が神道と結び付き，国民の忠誠を宗教的に確保しようとし，激しい宗教弾圧も行ったことへの反省といえます。

　宗教活動の自由は，外部に対して行われる場合には表現の自由と重なる場合が多くなります。特に信教の自由の行使として問題になるのは，信仰を理由として一定の世俗的義務を免れることを認めるかどうかです。

　最高裁は 1996 年（平成 8 年）の判決で，宗教上の理由から剣道の授業を拒否し高等専門学校生徒が退学となった事案について，この退学処分は生徒の信教の自由への配慮を欠き違法であると判断しました。剣道受講拒否は真摯な宗教的理由によるものである一方，剣道の授業は必須とはいえず，学校側は代替措置を考えるべきであったとされたのです（最判平成 8・3・8 民集 50 巻 3 号 469 頁）。

　政教分離については，歴史的経緯からも，国家と神道との結び付きが多くの事件を生んできました。最高裁の基本的態度は 1977 年（昭和 52 年）の津地鎮祭訴訟判決で示されました。

　ここで最高裁は，国家と宗教の分離を貫徹することは実際には困難との立場から，憲法は，宗教的目的及び宗教に対する援助，促進又は圧迫，干渉の効果をもつ国家の行為を禁じていると解釈すべきだという基準を立てました。これがいわゆる目的効果基準です。この観点から，事件で問題となった，市立体育館を建てる際に神社の神官に依頼して地鎮祭を行った津市の行為が，合憲とされました。地鎮祭はすでに世俗的行事といえ，宗教的目的も宗教への援助あるいは圧迫効果も認められないと判断したのです（最大判昭和 52・7・13 民集

□□□ BOX 11──日本国憲法　第3章　国民の権利及び義務

**第20条【信教の自由・政教分離】**　①　信教の自由は，何人に対してもこれを保障する。いかなる宗教団体も，国から特権を受け，又は政治上の権力を行使してはならない。

②　何人も，宗教上の行為，祝典，儀式又は行事に参加することを強制されない。

③　国及びその機関は，宗教教育その他いかなる宗教的活動もしてはならない。

## コラム 6-2● 信教の自由の歴史的意義

　日本では，信教の自由についての関心は必ずしも高くはなく，裁判事例も決して多くはありません。日本国憲法下では，幸い，宗教団体の教義自体を理由にしてそれを弾圧するといった事例は見られません。1995年（平成7年），地下鉄サリン事件などのテロ事件を起こしたオウム真理教は宗教法人としての法人格を剥奪され，またその後継団体に対しても監視が続けられていますが，これはその重大な犯罪行為に対する制裁であって，宗教弾圧とはいえません。

　しかし，ヨーロッパで人権思想が発達する過程では，信教の自由は非常に重要な役割を果たしました。宗教改革後カトリック教会とプロテスタント教会とが対立したとき，両者は相手の信仰としての正当性を真っ向から否定し，16世紀から17世紀にかけて，「正しい信仰」の普及を目指して両勢力が争う宗教戦争が頻発しました。また，君主は自己と異なる信仰を有する住民を弾圧しました。

　このような状況に対して，両宗派の平和的な共存を可能にするために，キリスト教の分裂を現実として受け入れ，個々人にどの宗派を信仰するかの自由を認めるべきだという考えが次第に広まっていったのです。個々人に信仰を選ぶ能力を認めるこの考えは，個人の尊厳の基盤となり，人権思想の源となったといわれています。

31 巻 4 号 533 頁)。

これに対し，1997 年（平成 9 年）の愛媛玉串料訴訟最高裁判決は，同じ基準を用いながら，靖国神社や護国神社の祭礼に際しての公金からの玉串料支出を政教分離違反と判断しました（最大判平成 9・4・2 民集 51 巻 4 号 1673 頁）。これら神社の祭礼は戦没者慰霊という趣旨をもっており，かなりの数の戦没者遺族が，国や地方が公に祭礼に関わることを求めていました。しかし最高裁は，神社自身が行う祭礼への公金支出は宗教的意義を有するといわざるをえず，また特定の神社に対してのみ公金を支出することはその宗教への援助，促進の効果を有するといえるとしたのです。地鎮祭は神式で行うことが儀礼化していましたが，祭礼は神社自身の宗教儀式であり，国家機関が特定の宗教団体を特に選んで祭礼に参加することは，戦没者慰霊という目的があっても，許されないとの立場が示されたといえます。

靖国神社をめぐっては，その後も総理大臣の参拝の是非などが政治問題であり続けていますが，本判決もあって国家の機関としての公式参拝は控えられています。小泉純一郎首相らの参拝も，あくまでも私的なものとして行われました。

また，近年最高裁は，公有地が無償で神社用に貸し続けられていたことを違憲と判断しました（最大判平成 22・1・20 民集 64 巻 1 号 1 頁）。日本では，戦前の国家と神社のつながりの中で公有地に多くの神社が建てられていましたが，戦後になってもその土地使用関係が解消されず，今日なお公有地の上に神社が残っている例があります。本判決は，それらをすべて違憲とするわけではありませんが，地方自治体も漫然と神社に公有地を使わせ続けることは許されなくなったといえるでしょう。

さらに，ある市が市有地を無償で孔子廟（孔子を顕彰する施設）としての使用に提供したことについても，最高裁は，問題となった孔子廟には宗教性が肯定できるとしたうえで，その観光資源等としての意義や歴史的価値は無償提供の理由として不十分であるなどとして，政教分離違反と判断しました（最大判令和 3・2・24 民集 75 巻 2 号 29 頁）。

なお，これら 2 つの判決は，目的効果基準を使わず，国家と宗教のかかわりの相当性を総合的に判断するという手法をとっています。そのため，判例上，この基準を使用すべき事案の範囲に不明確さが生じています。

図 6-1　靖国神社を参拝する小泉純一郎首相
（2004 年 1 月 1 日（左）），安倍晋三首相
（2013 年 12 月 26 日）

（写真提供：毎日新聞社（左），EPA＝時事（右））

## コラム 6-3● 靖国訴訟について

　国務大臣の靖国神社参拝の是非は大きな政治的争点となっていますが，政教分離との関係での合憲性について裁判で決着をつけるのは，今日の制度上は困難です。それは，大臣の靖国参拝で直接に権利を害されたとして提訴できる人がいないからです。

　津地鎮祭訴訟や愛媛玉串料訴訟で争われた対象である，地方自治体による公金支出も，仮にそれが違法であるとしても誰かの権利を直接害するわけではありません。しかし，地方自治法は住民訴訟という特別の訴訟類型を認めており（後述 13.1.1），住民なら自己の権利と関係なく，地方自治体の公金支出の合法性を裁判で争えるのです。ところが，国には，このような訴訟を認める法律は存在しません。

　それでも，過去の総理大臣の靖国神社参拝に対しては，それに反対する人々が，信教の自由に対する間接的制約や，他者から干渉を受けずに信仰生活をおくることを認める宗教的人格権に対する侵害となると主張して，損害賠償を請求しています。しかし，これらの権利・利益が法的に保護されるとは認められていません。ただ，結論に直接関係のない傍論として，総理大臣の公式参拝を違憲と判断する判決も存在します。

　靖国神社については，国家と神道が結び付き，戦没者を神社で慰霊することが当然と考えられていた戦前の体制の一部が，戦後一宗教団体となった同神社に残されていることをどう評価するかが，中心的争点といえるでしょう。愛媛玉串料訴訟最高裁判決は，日本国憲法下では，靖国神社は戦没者慰霊を行うことにつき特権的地位を有しているわけではないとの立場をとったといえます。

## 6.3 表現の自由

### 6.3.1 表現の自由の意義，事前抑制の禁止

　表現の自由は，民主政治に不可欠のものであり，また人間の精神活動一般にとっても非常に重要です。

　日本の憲法学では，上述の通り（コラム4-1）いわゆる二重の基準論が広く認められています。この理論によれば，表現の自由を制約する立法については，規制なしで自由を認めておくと本当に重大な弊害が発生するのか，そして問題となる規制はその弊害を防止するために必要最小限の措置といえるのか，について，立法者の判断を尊重するのではなく（合憲性の推定の排除），裁判所が独自に審査を行わなければならないことになります。

　憲法は21条1項で表現の自由を広く認めた後，2項で特に検閲を禁止しています（BOX 12）。印刷物を公刊前に審査し，許可が出ないと発表させない制度を広く事前抑制と呼びますが，このような事前抑制は，人々がその表現に触れる機会を一切奪うものであること，また表現のもたらす効果を審査者が予測で判断するしかなく，広すぎる発表禁止がなされがちであることといった問題点があり，特に許されない表現制約形態だと考えられています。ただし最高裁は，21条2項は検閲を例外なく絶対的に禁止しているとしつつも，その検閲とは，行政権が主体となって，発表禁止を目的として一定の表現物を網羅的一般的に審査する制度というように狭く解しています。

　裁判所による出版差止めは，したがって検閲にはあたりません。しかし，最高裁は名誉毀損を理由として差止めが求められた1986年（昭和61年）の北方ジャーナル事件において，検閲にあたらなくても事前抑制は原則として許されないとしつつ，表現内容が真実でないことが明らかで，被害が重大かつ回復困難な場合といった例外的事情があれば出版差止めも認められると述べています。ただし，当該事案では，名誉を毀損された者が近く選挙への立候補を予定していたという事情を考慮し，この例外にあたると判断しました（最大判昭和61・6・11民集40巻4号872頁）。

第21条【表現の自由，通信の秘密】　①　集会，結社及び言論，出版その他一切の表現の自由は，これを保障する。

②　検閲は，これをしてはならない。通信の秘密は，これを侵してはならない。

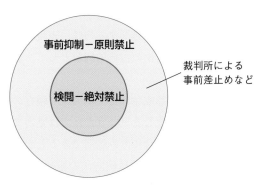

図6-2　事前抑制と検閲の関係

## クローズアップ6-2●検閲概念をめぐる判例

　戦後の日本には典型的な検閲制度は存在しませんが，検閲該当性が争われたケースとして，税関での輸入禁止品の検査が問題となった札幌税関訴訟があります。法律で，麻薬などとともに「公安又は風俗を害すべき書籍」は輸入が禁じられており，税関の輸入品検査でこれに該当すると認定された書籍は，輸入できません。わいせつな書籍がこの規定により輸入禁止となったことを契機として，この税関検査が検閲にあたるかどうかが争われた事件で最高裁判決は，検閲概念を本文で説明したように狭く解した上で，税関検査の対象は外国で発表済みのものであるなどとして，検閲該当性を認めませんでした（最大判昭和59・12・12民集38巻12号1308頁）。なお，この判決で最高裁は，同条の「風俗」を害すべき書籍とは，わいせつ書籍に限られるという限定解釈も行っています。

　また，後述する家永教科書訴訟（9.2.2）でも，教科書検定の検閲性が一つの争点となりました。1993年（平成5年）の最高裁判決は，教科書検定はその一般図書としての発行を妨げるものではないので，検閲にはあたらないと述べています。

### 6.3.2 内容に基づく規制

　また，国家権力が一定の内容の表現を禁止することは，それにより思想競争の土俵が崩されること，そして国家権力の偏見による危険が大きいことといった理由から，事後的規制であっても原則として認められません。ただし，従来いくつかのカテゴリーで内容に基づく制約が認められてきました。その一つは違法な行為の煽動です。たとえば破壊活動防止法（破防法）は，放火や騒乱など一定の犯罪を政治的目的をもって煽動する（そそのかす）ことを処罰しています。しかし，具体的に犯罪行為に着手することもなく，ただ言論で犯罪行為をしようと訴えるだけの者を処罰するのは，表現の自由への侵害ではないのでしょうか。これは表現の自由の古典的問題として，諸外国でも長く論じられてきました。

　学説上は，アメリカで形成された「明白かつ現在の危険」法理＝煽動表現は，それで単に抽象的危険が生じるというだけでは処罰できず，明らかに，かつ直ちに危険が生じるという場合にのみ処罰できるとの考え，をとるべきだと強く主張されています。が，最高裁は破防法の煽動罪につき，「重大犯罪をひき起こす可能性のある社会的に危険な行為」は処罰できるとの立場を示しました（最判平成 2・9・28 刑集 44 巻 6 号 463 頁）。表現の自由保障は，何が正しい思想かは自由な論争によってのみ判断することができるとの考えによるはずであり，抽象的危険の段階で特定の言論を禁止するのは，過度の制約であるとの批判が強いところです。

　内容的に制約が認められてきたもう一つのカテゴリーは名誉毀損です。名誉毀損については，刑法 230 条が刑事罰を科しており，民事上も不法行為として損害賠償の対象となります。たしかに個人の生活にとって名誉，つまり社会的評価は重要です。

　ただし，名誉とは同時に主観的判断に左右されるかなりあいまいな概念であり，それを広く用いると表現への過度の制約となる危険があります。刑法 230条の 2 は，公共の利害に関わる事実が問題となる，公益目的でなされた名誉毀損については，その事実が真実であった場合は不可罰とする旨を定めています。

　とはいえ，事実が真実といえるかどうかは，神ならぬ身には分かりません。結局訴訟で裁判所が認定する事実が真実ということになるだけであり，事前に

## コラム 6-4●ヘイトスピーチ

　近年，特定の人種や民族に属する人々を激しく誹謗中傷したり，社会からの排除をあおったりする，ヘイトスピーチが社会問題となっています。ヨーロッパにはこのような言論を禁止する国も多いですが，日本では法的規制は設けられてきませんでした。しかし，問題の広がりを受けて，2016 年に「本邦外出身者に対する不当な差別的言動の解消に向けた取組の推進に関する法律」（ヘイトスピーチ解消法）が制定されました。ただ，この法律は，表現の自由への配慮もあり，ヘイトスピーチの禁止には踏み込んでいません。

　ヘイトスピーチが深刻な地方公共団体の中には，条例で，執拗にヘイトスピーチを繰り返す者への罰則を設けるところも出てきています。集団の地位についての議論の自由が重要であることは否定できず，被害を受ける人々の救済との間で慎重な衡量が求められています。

　大阪市の，市内などでヘイトスピーチが行われた場合，市がそれを行った者の氏名を公表することや拡散防止措置をとることなどを定める条例につき，最高裁は，対象となるのが「過激で悪質性の高い差別的言動」であり，制限の程度も重くないとして，憲法 21 条 1 項に違反しないと判断しました（最判令和 4・2・15 民集 76 巻 2 号 190 頁）。

## コラム 6-5●アメリカでの「明白かつ現在の危険」の法理の発展

　アメリカでは，第一次世界大戦時に，政府の戦争政策への批判や社会主義の表現活動が，秩序の破壊を煽動しているとして厳しく処罰されるようになりました。当初は裁判所も，危険な傾向を有する言論は罰してよいと考えていましたが，次第に，何が正しい思想かは国家権力が決めるべきものではなく「思想の自由市場」に委ねるべきであり，単に危険な思想だというだけで禁止することは許されないという立場が有力となります。そして，処罰できるのは「明白かつ現在の危険」（clear and present danger）のある言論のみだという考えが，1940 年代に判例として確立しました。

　ただ，この判例は，冷戦の厳しい時期に共産主義の言論に対しては貫徹されず，共産主義者にはより広い処罰も合憲とされました。しかし，社会主義陣営との対立が弱まるにつれ，アメリカの判例はこのような高度の危険を求める立場に復帰しています。

何が真実か確実に知ることは困難です。もし訴訟で証明できなければ有罪となってしまう（あるいは損害賠償を命じられる）ということになると、よほど真実性について確信をもたないと表現できないということになります。

そこで最高裁は、結果的に真実性が証明できなくても、表現時に真実と信じたことについて相当の理由があったと認められる場合には、やはり不可罰とすべきだとの立場を示しました（最大判昭和44・6・25刑集23巻7号975頁など）。こうして、名誉毀損訴訟の争点は、表現内容の真実性そのものから、表現者が「相当の理由」を有していたかへと移ることになりました。とはいえ、「相当の理由」というのもあいまいな基準であり、どの程度の調査をしていれば相当の理由ありとして免責してもらえるのかは不明確な点が残っています。判例は、慎重な取材による裏づけを求める傾向にあります。

最高裁は、インターネット上の個人の表現についても、一律に信用性が低いとはいえず、また名誉毀損の被害が深刻になりうるとして、免責要件を緩和すべきではないと判断しています（最判平成22・3・15刑集64巻2号261頁）。しかし、報道機関と同等の取材を個人に求めるのは無理ではないかという批判もあります。

他人に知られたくない私的な情報（プライバシー）を暴露するような表現の許容性も問題となってきました。プライバシーを侵害する表現活動は犯罪とはされていませんが、民事上の損害賠償の対象とはなります。たしかに個人にとって私生活の平穏は重要な利益であり、法的に守られるべき価値をもちます。しかし他方で、公表されても仕方ない事実と隠されるべき事実の区分は、そんなに簡単ではありません。たとえば、ある政治家の国政上の判断に家族が大きな影響を与えているとしたら、その家族について報道することには十分理由があるのではないでしょうか。

判例は、「プライバシーの侵害については、その事実を公表されない法的利益とこれを公表する理由とを比較衡量し、前者が後者に優先する場合に不法行為が成立する」としています（最判平成15・3・14民集57巻3号229頁）。この衡量の際には、対象が公人であるかどうか、内容が公共の利益に関係するかどうかなどが重要な考慮要素となるでしょう。

もう一つ、内容に基づく規制として挙げておくべき事例として、公務員の政

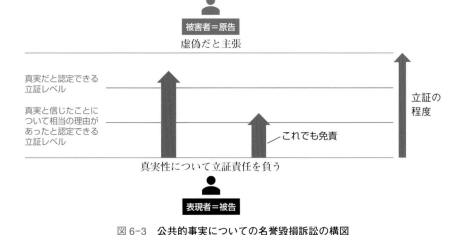

**図 6-3　公共的事実についての名誉毀損訴訟の構図**

　表現内容規制としては，刑法が定めるわいせつ文書頒布罪（175 条）の合憲性も争われてきました。最高裁はかつて，『チャタレイ夫人の恋人』の翻訳出版がこの罪にあたるかどうかが争われた事件で，「性的秩序を守り，最小限度の性道徳を維持することは公共の福祉の内容をなす」として，同罪の合憲性を認めました（最大判昭和 32・3・13 刑集 11 巻 3 号 997 頁）。ただし，その後最高裁は，文書のわいせつ性は，それを「全体としてみたときに，主として，読者の好色的興味にうったえるものと認められるか否か」を重視しつつ，「その時代の健全な社会通念に照らして」判断するとの姿勢を示しています（「四畳半襖の下張」事件，最判昭和 55・11・28 刑集 34 巻 6 号 433 頁）。近年，写真家メイプルソープの，ヌード写真を含む写真集が，輸入が禁止されるわいせつ文書にあたらないとした最高裁判決もあります（最判平成 20・2・19 民集 62 巻 2 号 445 頁）。

　わいせつ文書頒布禁止は，不明確な「道徳」の維持を根拠にするだけに，その濫用を警戒する必要が大きく，慎重な適用が求められます。なお，今日では，『チャタレイ夫人の恋人』の日本語訳も普通に売られていますが，別に日本の性道徳が崩壊したようには思えません。

治活動禁止があります。現在，公務員の政治活動は非常に広く禁止されています。公務を政治的配慮から不適正に行うことが禁じられるのはいうまでもありませんが，ここで問題とするのは，公務員が公務とは関係なく勤務時間外に私人として行う政治活動への規制です。末端の公務員にまで一律に適用されているこの禁止の違憲性はかねてより強く主張されていますが，最高裁は1974年（昭和49年）の猿払事件判決においてその合憲性を認めました（最大判昭和49・11・6刑集28巻9号393頁）。最高裁は，行政の政治的中立性への国民の信頼確保という抽象的目的によって，政治活動という重要な自由を広く制限することを正当化したのです。しかし，これは典型的な内容に基づく規制であり，厳格な審査が必要なはずです。公務員の政治的行為を禁じることから，本当に法律が想定するような弊害が生じるのか，それは立法者の一定内容の表現行為に対する独断によるのではないかということを慎重に審査すべきでした。

　2012年（平成24年）に，最高裁は公務員の政治的行為禁止に関して，この猿払判決の射程を限定する重要な判決を出しました。ここでは，政治活動の自由の重要性からして，禁止範囲は，職務遂行の政治的中立性が損なわれるおそれが観念的なだけでなく実質的に認められる場合に限られるとされ，1件の事件で被告人が無罪となりました（最判平成24・12・7刑集66巻12号1337頁）。もちろん，犯罪要件として求められる「実質的」なおそれをどの程度のものと考えるべきかについては，今後とも議論が続くでしょうが，猿払判決のような甘い審査が復活しないことが望まれます。

### 6.3.3　内容中立的規制

　表現の自由への制約としては，内容中立的規制も軽視することはできません。内容を理由としない規制であっても，表現の機会が奪われることに変わりはありません。しかも実際の適用では，たとえば一定の政党の看板だけが「美観を害する」として摘発されるなど，特定の表現だけが狙い撃ちされる場合も多いのです。このような場合にも，内容に基づく規制ほどでなくても，立法者の主張に十分な理由があるかを裁判所は慎重に判断すべきでしょう。具体的には，美観保護を目的とする屋外広告物条例での立看板やビラはり禁止，軽犯罪法による他人の家屋等へのビラはり禁止，道路交通法による街頭演説やデモ行進へ

## クローズアップ 6-4 ● 猿払事件

　猿払事件とは，北海道猿払村の郵便局に勤務する公務員が，衆議院議員選挙の運動として日本社会党候補者の選挙用ポスターを掲示したところ，この行為が，公務員の政治的行為を禁じる国家公務員法に違反するとして起訴された事件です。同法から禁止対象となる行為を具体的に定める委任を受けた人事院規則は，政治的文書の掲示や配布を全般的に禁じています。公務員に対して，私人としての政治活動をもほとんど全面的に禁止することになるこのような規制は，厳しすぎるとの批判がかねてよりありました。猿払事件では，この規定の合憲性が争点となりました。

　旭川地裁の第一審判決（1968年（昭和43年））は，被告人は非管理職であり，行為も勤務時間外に国の施設を利用することなくなされた，などの事情からして，被告人の行為が職務の公正な運営に与える弊害は小さく，同人に刑罰を加えることはその政治活動の自由への過大な制約となるとして，被告人を無罪としました。

　しかし，1974年（昭和49年）の最高裁判決は，行政の中立的運営とこれに対する国民の信頼の確保という規制目的を重視し，公務員の政治的行為は，その者の職種や，行為が勤務時間内になされたかどうかといった事情にかかわらず，この目的を害する，といいます。そして，公務員の政治的行為規制は，その行動によって生じる弊害の防止をねらいとした「間接的・付随的な制約に過ぎず」，利益の均衡を失するほど重いものではないとして，被告人を有罪としました。

　本事件は，政治的表現活動に対する正面からの規制の合憲性を争う大事件として，憲法学においても高い注目を集め，学説の展開に大きな影響を与えました。最高裁判決に対しては，行政の中立性確保のための規制とは，まさしく表現活動の内容を問題にするものであって，「間接的・付随的」といえるような軽い規制ではないという批判や，公務員の職種や政治的行為の態様にかかわらず，あらゆる政治的行為禁止が正当化できるというのは，あまりにも観念的な根拠で自由制約を正当化するものだ，などといった批判がなされてきました。

　2012年（平成24年）の最高裁判決は，公務員の政治的行為禁止が認められる範囲を限定しました。同判決は，猿払事件では，被告人が公務員として政治活動をしていることが一般人に容易に認識され得たため，その行為が職務の政治的中立性を損なうおそれが実質的に認められたのだ，と説明しています。しかし，実際には猿払事件最高裁判決はそのような個別の考察を行っておらず，新判決との両立性を確保するための苦しい弁明だといわざるを得ません。

の規制などが挙げられます。これらについては，一応規制の必要性は認められますが，過度の制約とならないよう，具体的適用の合憲性については慎重な審査が必要です。ところが，最高裁は，これらの規制について，簡単に合憲とすることが多く，批判されています。

　もう一つ，内容中立的規制の大きな問題領域として，選挙運動規制があります。今日，日本の選挙運動において，特定内容の主張を禁止するというような内容規制はほとんど課されていません。しかし，選挙運動の態様は，選挙の公正を保つためという理由で，公職選挙法によって厳しく制限されています。その象徴ともいえるのが戸別訪問の全面禁止です。最高裁は，戸別訪問を認めると買収などの温床になりやすく，また有権者の生活の平穏を害するなどの理由で，この禁止の合憲性を認めています（最判昭和56・6・15刑集35巻4号205頁など）。しかし，このような判示は，諸外国で特に問題なく認められている戸別訪問による選挙運動を全面的に禁止してしまう理由として，十分説得的とはいえないでしょう。その他にも選挙運動には，使用できる文書，自動車など，本当に事細かな制限がかけられています。選挙の公正を保つためという理由でこの広い規制が正当化できるのかは非常に疑問であり，多くの訴訟が起こされていますが，最高裁は一貫して合憲判決を出してきました。

### 6.3.4　取材の自由

　憲法21条は表現の自由を定めるのみで，表現の準備段階における作業を明文で保障しているわけではありません。しかし，表現すべき内容を形成する過程の自由が保障されていなければ，表現の自由を実質的に保障することにはならないでしょう。特に，政治的に重要な情報が政府によって隠されていては，国民自身の議論によって政治を方向づけるための表現の自由の役割が，損なわれてしまいます。

　そこで，憲法21条は国民の「知る権利」の保障も含んでいるとの主張がなされるようになりました。情報公開法（「行政機関の保有する情報の公開に関する法律」）や地方の情報公開条例は，この「知る権利」を具体化するものといえます（ただし，国の情報公開法には，「知る権利」という文言は入れられませんでした）。

## クローズアップ 6-5● 共同住宅内でのビラ配布は合憲か

　近年では，マンションなどの共同住宅での戸別のビラ配布が住居侵入罪に問われるケースが問題となりました。共同住宅にビラを配布するには，各住居のポストにビラを配布するために共用スペースに立ち入らざるを得ないことがあります。イラク戦争反対などの政治的なビラを共同住宅でこのように配布した者が，住居侵入罪に問われたのです。もちろん，住居侵入罪規定は表現内容中立的です。しかし，実際には，ピザの宅配宣伝のビラなど，他のビラを配布する者は逮捕・起訴されないのに，政府の方針に反する政治的なビラを配布する者だけが逮捕・起訴されたのです。

　最高裁は，ここで問題となっているのは表現そのものの制約ではなく表現の手段の制約に過ぎないとして，住居は人が一般に自由に出入りできる場所ではないのだから，ビラ配布のために立ち入った者を処罰しても憲法違反ではないとしました（最判平成20・4・11刑集62巻5号1217頁）。しかし，このような事件では，本当に起訴が内容と関係なくなされたのか疑問が大きいのであり，表現行為の一環としての立ち入りであるということを，被告人に有利な事情としてより重視すべきではないでしょうか。また，政治的なビラの方が住民に不快な思いをさせる危険が大きいといえるとしても，そのような反応はまさに内容に基づくのであり，国家権力がその内容に基づく住民の反応を処罰の理由にすることは許されません。それは，実質的には内容に基づく規制となるからです。

## クローズアップ 6-6● 選挙の事前運動の禁止

　そもそも選挙運動は，公式には，選挙が公示され正式に立候補がなされてからしか認められていません。この事前運動禁止も選挙の公正確保のためとして正当化されていますが，実際には日本では選挙の公示から投票日までが非常に短い（1〜2週間程度）ため，名前を新たに売らなければならない新人に非常に不利に働く不公正をもたらしています。最高裁はこの規制も合憲というのですが（最大判昭和44・4・23刑集23巻4号235頁），これは，常時選挙運動を許容すれば弊害が生ずるおそれがあるという非常に抽象的な危険性によって，具体的な選挙運動期間の厳しい限定を合憲とするという，典型的な緩やかな審査であり，表現の自由制約に対する司法判断としてはまったく不適切なものです。選挙運動の政治的重要性を考えれば，「選挙の公正」と各規制の関係について，より慎重な審査をなすべきだったといえるでしょう。

さらに，報道機関の記者らが政府から情報を得ようとして公務員らに取材する自由も，保障する必要があるといわれています。この取材の自由については，沖縄返還交渉における日米政府間の密約の存在を暴露した新聞記者が，国家公務員に対する秘密漏洩のそそのかしを禁ずる規定に違反したとして起訴された事件が有名です（沖縄密約漏洩事件）。

　取材の自由に関しては，記者に裁判で取材源についての証言を強制することが許されるかどうかという問題もあります。取材源秘匿は，取材対象者と信頼関係を築きその証言を得るために不可欠であり，それを破るよう記者を強制することは，取材の自由の行使を非常に困難にしてしまいます。最高裁は，民事訴訟での記者への証人尋問においては，原則として取材源についての証言拒否を認める立場を示しました（最決平成18・10・3民集60巻8号2647頁）。

### 6.3.5　集会の自由

　日本国憲法は，21条で表現の自由の一環として集会・結社の自由を保障しています。デモ行進の自由も，「動く集会」として保障されていると解されています。ただ，集会をするには場所が必要であり，公共の広場や集会場の利用が制限されれば，形式的に自由が認められていても，その行使は実質的に非常に制約されます。これらの広場や集会場は，国や地方自治体が所有している場合が多いのですが，集会の自由保障の観点からは，これらの所有者も，誰に使用を許可するかについて勝手に決めることはできないと解されます。このような，人々が集まり表現活動のために役立つ場は原則として自由な利用に供されなければならないという考え方を，「パブリック・フォーラム」の法理と呼びます。もちろん，限りあるスペースの秩序ある利用を可能にするには，事前の届出・許可といった手続が必要になりますが，その際に内容による差別を行うことは原則として許されません。

　ある政治集団の市立会館利用申請が，対立集団との衝突の危険などから許可されなかった事件で，最高裁は，集会の自由への配慮から，公共の安全が害される危険を理由とする不許可は，その危険が「明らかな差し迫った」ものである必要があるとしました（最判平成7・3・7民集49巻3号687頁）。「騒ぎが起こりかねない」といった，具体的根拠のない抽象的危惧だけでは，集会への

## 法学新刊

法学叢書 2-I

# 法学叢書 行政法 I 行政法総論

興津征雄 著 　　　A5判／864頁　本体4,800円

行政法が「わかる」とはどういうことなのか。個々の事例や個別法の仕組みの解説のみならず，それらを支えるべき法論理の構造を分析して，法制度や判例のあり方に明快で合理的な法律構成を与えるという実定法学の問題意識に立ち，概念の定義から出発し，論理のステップを紙幅を費やして丁寧に説き明かした画期的基本書。行政法を学び始めた読者が司法試験の論文式問題に対応できるレベルまで到達できることを目指し，予備試験・司法試験問題と解説との対応も明記した。

＜目次＞
本書で何を，どうやって学ぶのか／行政の主体と機関／行政法の法源と行政内部規定／要件と効果／法律関係の形成・確定の法的仕組み／法効果発生要件としての行政処分／法の解釈・適用と行政裁量／行政手続／強制／制裁／行政調査／行政指導と協定／法律による行政の原理／行政活動をめぐる紛争類型／個別法の解釈と適用—実体的違法事由（その1）／裁量権の踰越・濫用—実体的違法事由（その2）／行政手続の瑕疵—手続的違法事由／行政計画と処分の違法性／行政調査と処分の違法性／行政機関の矛盾挙動をめぐる紛争—信義則／行政処分の職権取消し・撤回の違法性／他

*電子版も弊社ホームページ（https://www.saiensu.co.jp）にて販売中。

ライブラリ 今日の法律学 1

# 憲法

柳瀬 昇 著 　　　A5判／416頁　本体3,200円

憲法学の基礎を確実に理解することに意を払い，標準的な解釈論を通説と判例の見地から平明に解説したコンパクトな基本書。とくに初学者にとって誤解されやすい論点については丁寧に説明し，随所に解説図や整理表を挿入して一層の理解を配慮した。2色刷として憲法解釈論上の重要概念をすべて青色で示している。

経済学叢書 Introductory

# 入門 計量経済学 第2版

山本　拓・竹内明香 共著　　　　　　　A5判／288頁　本体2,600円

確率や統計学の知識がなくてもExcelを用いて計量経済学の基礎を学ぶことができる好評入門書の改訂版。近年のデータ分析のトレンドを鑑み，パネル・データ分析とAR（1）モデルの章を新設し，ミクロ・データ分析と時系列分析の概念や仕組みについて解説した。また各章末に練習問題を設け，一層の理解を配慮した。2色刷。

グラフィック［経済学］6

# グラフィック 国際経済学

阿部顕三・寳多康弘 共著　　　　　　　A5判／288頁　本体2,400円

国際経済学における基本的なテーマを精選し，初学者が基礎となる知識や考え方を着実に身に付けられるよう解説した入門教科書。第Ⅰ部では国際貿易と貿易政策を，第Ⅱ部では国際金融と国際マクロ経済を扱う。左頁に本文解説，右頁に対応した図表や数値例や囲み記事を配した見開き形式・2色刷。

グラフィック［経済学］2

# グラフィック マクロ経済学 第3版

宮川　努・外木暁幸・滝澤美帆 共著　　A5判／392頁　本体2,900円

初版刊行以来，好評を博してきた入門テキストを大幅改訂。ケインズ派と新古典派という二つの立場からのマクロ経済学の解説に代わり，第3版では短期の経済と長期の経済とに分けた一貫性のある説明によりまとめている。さらに統計データをアップデイトするとともに，コラムなどで最近のトピックスについて紹介した。見やすい左右見開き構成，2色刷。

ライブラリ 経済学レクチャー＆エクササイズ 16

# レクチャー＆エクササイズ 地方財政論

足立泰美 著　　　　　　　　　　　　　A5判／296頁　本体2,900円

地方財政論をはじめて学ぶ方のための教科書。本文で地方財政の制度や仕組みについて学び，練習問題で確認することにより，知識の定着を図る構成になっている。また，概念や仕組みを表す図解や，統計データの図表を豊富に掲載することで，視覚的な理解にも配慮している。地方財政の抱える問題を知り，有効な対策を考えるきっかけになる一冊。

## クローズアップ 6-7 ● 沖縄密約漏洩事件（1972年）

1972年（昭和47年）の国会において野党議員が，前年に調印された沖縄返還協定に至る日米交渉において，両国政府の間に密約があったことを示す電文を暴露しました。これに対し，国家秘密の漏洩があったとして捜査が行われました。その結果，ある新聞記者（男性）が外務省職員（女性）から秘密を入手し，それを国会議員に渡したとして，その職員は国家公務員法が定める秘密漏示罪で，記者はそのそそのかし罪で，それぞれ起訴されました。記者側は取材の自由を主張し，事件は最高裁までもちこまれたのです。

最高裁は，報道が正しい内容をもつために，取材の自由も「憲法21条の精神に照らし，十分尊重に値する」とします。そして，「報道機関が公務員に対し根気強く執拗に説得ないし要請を続けることは，それが真に報道の目的からでたものであり，その手段・方法が法秩序全体の精神に照らし相当なものとして社会観念上是認されるものである限り」許されるという理解を示しました（最決昭和53・5・31刑集32巻3号457頁）。

この判決が，国家秘密に対するものであっても，通常の取材行為の自由は保障されるとの立場を示したことは，取材の自由保障の観点からは非常に重要です。2013年（平成25年）に，安全保障上特に秘匿することが必要であるとされる特定秘密をより厳重に保護し，その漏洩者を重く罰する特定秘密保護法が成立しましたが，同法もこの最高裁判決に従う趣旨で，取材行為は「専ら公益を図る目的を有し，かつ，法令違反又は著しく不当な方法によるものと認められない限り」罰せられないとしています（22条2項）。ただし，本判決が取材の自由を端的に憲法で保障された自由であるとはいわず，「十分尊重に値する」というあいまいな位置づけにとどめたことには，異論もあります。また，罪に問われた記者自身は，女性職員との肉体関係を利用して情報を得ていたなどの理由で，「相当な」取材行為であったとは認められず，有罪となりました。

この事件は，小説やドラマの素材となるなど，社会的にも大きな注目を集めました。なお，日本政府はその後も沖縄返還に関する密約の存在を否定し続けていましたが，2009年（平成21年）の政権交代後，民主党政権が一転して密約の存在を認めるに至っています。政権交代の数少ない成果だったといえるでしょう。

使用を認めない理由にはならないのです。さらに判決は，集会自体が平和的なものである場合，それに反対する勢力が暴力的な行動を行う危険があることだけでは，原則として集会を許可しない理由とならないとも述べています。この論理は，公権力が反対運動の存在を理由にして，内容に基づき集会の自由を制約することを許さないために，重要です。日本では，集会への反対運動として街宣車が騒々しく抗議することがありますが，この判決の後は，そのような抗議活動が行われることは，自治体が集会場の使用を不許可とする正当な理由とは認められなくなりました。

　しかし，ある市の庁舎前広場での政治集会開催が認められなかったことの合憲性が争われた事件において，最高裁は，この広場が市庁舎と一体として管理されていたことを重視し，特定の政策を訴える集会を許可すると市の「外見上の政治的中立性に疑義が生じ」住民の信頼が損なわれるという市側の主張を認めました（最判令和5・2・21民集77巻2号273頁）。しかし，この広場は市庁舎とは異なり主に住民の利用のための施設であり，実際にも自由に往来できる場所です。市の管理規則上の扱いを優先して，このような集会に適した場での集会が問題になっているという事実を軽視し，抽象的な支障が生じるおそれを理由に集会を認めなかった判決は，問題が大きいというべきでしょう。

### 6.3.6　結社の自由

　人々は，いろいろな目的で団体をつくります。憲法21条は表現の自由の一環として結社の自由を保障しているので，株式会社などの営利事業のための団体を結成する自由がこの条文の結社の自由で保障されているのかどうかについては，争いがあります。

　また，憲法上の結社の自由は，団体に法人格を与えることを直接求めているわけではないと解されています。法人格は，団体そのものを権利義務の主体とする法的技術であり，団体をめぐる法律関係を単純化・明確化するために法律で認められるものです。今日では，会社でなくても法人格を取得することが容易になっています。

　21条で想定されている結社の典型は，政治団体です。ただし，政治団体を結成した場合，政治資金規正法に基づき選挙管理委員会又は総務大臣に届け出

## コラム 6-6● デモをするには

デモ，あるいはデモ行進とは，人々が道路を何らかの主張を掲げて集団で行進することをいいます。デモは，一般の人々が自分たちの主張を広く訴えるために有効な手段であり，最近では，反原発デモなどもあって再び注目が高まっています。ただ，デモが突然始まり車両通行を妨害しては，道路交通に大きな支障を与えることも確かです。

そこで，デモを実施するためには，事前に警察署に申請して道路交通法上の許可を得る必要があります。最高裁は，一般交通に著しい障害が生じない限り，デモを許可しなければならない，と判断しています（最判昭和57・11・16刑集36巻11号908頁）。

さらに多くの地方自治体では，公共の秩序を守るための規制として，いわゆる公安条例（具体的名称は，「集会，集団行進，集団示威運動に関する条例」など様々です）が定められています。しかし，あらゆるデモを秩序を乱す危険があるとして規制することが憲法上許されるのかどうか，かなり疑問です。ただ，公安条例も，公共の秩序に明らかに直接の危険が及ぶと認められる場合を除き，デモを許可しなければならない，と定めています。

国の規則（道路交通法施行規則10条4項）により，公安条例のある自治体では，公安条例上の許可申請が道路交通法上の許可申請ともみなされることになっており，実際の申請は一度ですみます。

## コラム 6-7● オウム真理教と破壊活動防止法

破壊活動防止法上の解散が命じられたことはまだ一度もありませんが，オウム真理教についてその一歩手前まで手続きが進んだことがあります。

宗教団体オウム真理教は，独裁的な指導者の命令の下，いくつかの殺人事件を起こした上，1995年（平成7年）に，東京の地下鉄に同時多発的に毒薬であるサリンをまき，多数の死傷者を出すというテロ事件（地下鉄サリン事件）を起こしました。その後，指導者をはじめ主だった構成員は逮捕・起訴されましたが，団体としてのオウム真理教も，現在の国家の転覆を図って殺人などの凶悪犯罪を行ったとして，解散させるべきだとの意見が強く主張されました。

破壊活動防止法上，団体の解散については，公安審査委員会が公安調査庁長官からの請求を受けて判断するということになっています。オウム真理教の場合，長官からの申請は行われたのですが，委員会は，主なメンバーの検挙などによって，将来さらに破壊活動が行われる見込みは低くなったとして，解散を認めませんでした。

る必要があり，さらに毎年会計報告書を提出しなければなりません。あらゆる政治団体にこのような義務を課するのは，行きすぎだと思います。

また，破壊活動防止法は，一定の「暴力主義的破壊活動」を行った団体に対する規制を定めており，最終的には解散を命じることも認められています。ただ，結社の自由保障の観点から，このような規制は当然慎重に行う必要があります。本法に基づき解散を命じられた団体は，まだ存在しません。

## 6.4 学問の自由

23条は，学問の自由を保障しています（BOX 13）。戦前の京大事件や天皇機関説事件は，大学での研究・教育に国家が介入し弾圧を加えた例でした。学問の自由は，そのような事件への反省に立って規定されたものです。学問の自由の主な担い手は，大学の研究者です。

学問の成果の論文などとしての発表の自由は，表現の自由と重なるところが大きいのですが，その他，学問の自由保障は研究活動の自由や教授の自由を含むものと解されています。

さらに，憲法に明文はありませんが，23条は大学の自治も保障していると解されています。これは，学問の研究教育が行われる主な場である大学については，学問の自由を保障するため，その管理運営が国家権力から独立して，大学自身の手でなされなければならない，という要請です。大学の自治の内容としては，教授など研究者人事の自治，施設管理の自治，学生管理の自治などが挙げられています。

日本国憲法下では，戦前のような大学教授の研究教育に対する直接的な制約は，幸い影を潜めています。戦後の学問の自由をめぐる最も著名な事例は，警察官の大学内での情報収集活動の許容性が争われたポポロ事件です。

ただし，従来大学の自治の担い手として考えられていたのが，教授の合議体たる教授会だったことには注意が必要です。今日，大学運営にも経営の観点を取り入れる必要があるとの意見が強まって，理事長や学長の権限を強化する改革が広まっていますが，これには大学の自治の実質を損なう危険があるといえるでしょう。

**第23条【学問の自由】**　　学問の自由は，これを保障する。

## クローズアップ 6-8● ポポロ事件（1952年）

　この事件は，大学の教室を使用して学生団体（「劇団ポポロ」）が演劇をしていたところ，警備情報収集活動の一環としてそれを見にきた私服警察官が，学生らに発見され暴行を受けたというものでした。

　この学生らが起訴されたところ，第一審の東京地裁は，警察官の活動は大学の自治を侵害する違法なものであり，学生の行為は正当行為にあたるとして，被告人らを無罪としました。これに対し最高裁は，当該演劇は大学内で行われてはいるが，学問的なものではなく「実社会の政治的社会的活動」であり，大学の自治の保障を受けないとして，無罪判決を破棄しました（最大判昭和38・5・22刑集17巻4号370頁）。とはいえ，本判決は，研究者人事や施設・学生の管理についての大学の自治を明確に認める内容を含んでいます。

## コラム 6-8● 先端科学研究の規制の憲法上の問題

　今日の学問の自由に関する大きな問題となっているのは，遺伝子工学や生殖医療などの倫理的問題をはらむ研究を規制すべきかどうかです。学問の自由の観点からすれば，特に具体的必要性がない限り法的規制はできるだけ少なくして，研究者の自主的規律に委ねるべきだということになるでしょう。

　日本では，生殖医療に関しては日本産婦人科学会がいくつかの見解を公表しています。たとえば，2004年（平成16年）の「胚提供による生殖補助医療に関する見解」は，ある女性の卵子に由来する胚を別の女性に移植する不妊治療は，親子関係の不明確化などの理由で「認められない。」とし，さらに「付帯事項」として，学会員に対してこの見解を「遵守することを強く要望する。」としています。自主的規律の一例です。

　科学研究を明示的に規制する法律として現在，「ヒトに関するクローン技術等の規制に関する法律」が存在し，ヒト・クローン胚の人又は動物の胎内への移植が禁じられています。ヒト・クローンの出現はそれ自体個人の尊厳の観念を動揺させるという立場からは，研究自体を禁じることも正当化可能でしょう。

□□□ BOX 14──日本国憲法　第 3 章　国民の権利及び義務

第 24 条【家庭生活における個人の尊厳と両性の平等】　①　婚姻は，両性の合意のみに基いて成立し，夫婦が同等の権利を有することを基本として，相互の協力により，維持されなければならない。

②　配偶者の選択，財産権，相続，住居の選定，離婚並びに婚姻及び家族に関するその他の事項に関しては，法律は，個人の尊厳と両性の本質的平等に立脚して，制定されなければならない。

　憲法 24 条は，婚姻や家族に関する法制度についての憲法上の要請を示しています。戦前の民法は，男性を女性よりも優越させる家制度を定めており，たとえば妻には単独で法律行為を行う能力が認められていませんでした（いわゆる「妻の無能力」）。このようなあり方が，各個人が平等な尊厳を有するとの日本国憲法の基本的立場に反するのは当然のことですが，憲法は従来の法制度を明確に否定するため，特に 24 条で家族法についての基本原則を定めたのだといえるでしょう。

　民法 750 条は，「夫婦は，婚姻の際に定めるところに従い，夫又は妻の氏を称する。」として，夫婦同姓を定めています。条文上はどちらの姓を選んでもいいのですが，実際には大多数の夫婦が夫の姓を名乗っています。結婚に際して姓を変えなければならない女性からの不満は大きく，夫婦別姓を可能とする法改正も試みられてきましたが，まだ実現していません。最高裁は 2015 年（平成 27 年）に，夫婦同姓は憲法に違反しないという判断を示しました（最大判平成 27・12・16 民集 69 巻 8 号 2586 頁）。

　憲法 13 条との関係についてはすでに触れましたが（4.5 参照），同判決は，条文上は男女が不平等に扱われていないことから 14 条 1 項にも反しないとし，さらに 24 条で認められる立法裁量の範囲を超えるともいえない，としています。ただ，同判決は，夫婦の氏のあり方については国会で論じられるべき事柄であると付言しており，今後も議論を続ける必要があります。

　なお，最高裁は 2021 年に再びこの問題について大法廷で審理しましたが，2015 年の判例を変更すべき理由はないとして，やはり夫婦同姓を合憲と判断しています（最大決令和 3・6・23 判時 2501 号 3 頁）。

第**7**章

# 経済的自由
## ──基本的人権Ⅳ──

【本章で解説する部分】

## 7.1 職業選択の自由

　22条は，居住・移転の自由や外国移住，国籍離脱の権利，そして職業選択の自由を定めています（BOX 15）。職業選択の自由以外は，経済活動のみにかかわる内容ではありません。しかし，人々を土地に結び付けてきた封建的拘束からの解放は，諸個人が自分の望む経済活動に従事するための前提として重要であったという歴史的経緯などから，これらも憲法上は経済的自由の一部として規定されています。

　今日多く問題になるのは，職業選択の自由です。個人の生存にとって職業は非常に重要であり，それを自由に選べるということは自由な生き方のために不可欠です。憲法は職業「選択」の自由を明示するのみですが，選んだ職業を自分の判断に従い「遂行」する自由も保障されていると解されています。また，自分の財産を自由に形成し，処分することも重視されるべき権利です。

　ただし，経済的活動は関係する人々に直接の財産的・身体的損害を与える危険が高く，国家による制約の必要が高いといえます。また，表現の自由制約とは異なり，その合理性について立法者の判断を一定程度信頼することもできます。そこで，経済的自由については，裁判所は立法者の判断を尊重した上でその合理性・必要性を判断すればよいとされます。特に，日本国憲法は，国が福祉国家として積極的な経済政策を行うことを要請しており（25条2項→121頁），そのために経済的自由を制約することも許容していると解されます。つまり，経済的自由については，弊害を防止するための消極目的の制約だけでなく，一定の政策実現のための積極目的の規制も許されるのです。そして，このような積極目的規制については，裁判所にその合理性について審査する能力が乏しく，立法者の判断を尊重するしかありません。最高裁も，1972年（昭和47年）の小売市場判決（最大判昭和47・11・22刑集26巻9号586頁）でこのような解釈をとっています。

　ただし最高裁は，1975年（昭和50年）の薬事法判決（最大判昭和50・4・30民集29巻4号572頁）で，当時の薬事法が薬局開設許可の条件としていた既存薬局からの距離制限規定（一定以上離れないと許可しない）を違憲としました。判決は，同法の距離制限は国家の積極的な社会・経済政策目的ではなく，

**第22条【居住・移転及び職業選択の自由，外国移住及び国籍離脱の自由】**

①　何人も，公共の福祉に反しない限り，居住，移転及び職業選択の自由を有する。

②　何人も，外国に移住し，又は国籍を離脱する自由を侵されない。

## クローズアップ 7-1● 職業選択への現在の諸規制

　現在の日本では，職業選択の自由に様々な制約が課されています。以下では，その概要を簡単に説明しておきましょう。

### ■業務を行うために資格が必要とされる職業

　まず，特定の業務については，一定の資格を有する者のみが独占的に行うことのできる場合があります。（いわゆる，「免許」の必要な職業です。）

例：弁護士，公認会計士，税理士，医師，歯科医師，薬剤師，建築士など

### ■「許認可」が必要とされる業種

　次に，一定の職種については，開業にあたって，「許可」や「認可」といったものを国や都道府県などから受けなくてはいけない場合があります。簡単にいってしまうと，行政にOKをもらわないと開業できないということです。

例：病院，薬局，建築業，飲食店，旅館業，一般産業廃棄物処理業など

### ■「届出」や「登録」が必要な業種

　さらに，行政のOKが必要なわけではありませんが，事業を行うにあたって，事前に一定の事項を通知する，行政への「届出」を行ったり，公簿への「登録」を受けたりしなければならない業種もあります。

例：特定労働者派遣業，クリーニング店，揮発油販売業，建築士事務所など

　このほか，民営化前の郵便事業や電信電話事業のように，国家が独占する事業や，売春のように，全面的に禁止されている事業もあります。

　このように，職業選択の自由は，法律によって広く制約されています。しかし，一般的には，これらの制約は，それぞれの職業に要求される専門性や，不適切な業務から国民生活に対して発生しうる危険の防止といった理由によって，合憲と解されています。

過当競争から生じうる，不良医薬品の販売による国民の生命・健康への危険の防止という消極的目的によるものだと認定し，この場合には立法者の判断の合理的必要性について綿密に審査すべきだとしたのです。この判決により，職業選択の自由については，制約が積極目的による場合には立法者の判断を広く尊重するが，消極目的の場合には規制の必要性について裁判所による独自の判断を行うという，いわゆる目的二分論がとられたと理解されています。

しかし，この目的二分論には，肯定説もある一方，理論的根拠が乏しいという批判も根強くあります。この分類は権利侵害の程度と結び付いておらず，審査基準を変える根拠とはならないとか，ある法律の目的は簡単に同定できるものではなく，積極目的か消極目的かの区分は恣意的にならざるをえないといったものです。また，薬事法判決自身が，目的認定だけでなく特定職業の許可制という制約の強さにも注目していることから，判例は単なる目的二分論をとっているわけではないという見解も提示されています。

最高裁はその後，酒税法が酒類販売を免許制にし，経営の財産的基礎が薄弱な者に免許を拒否することを認めていることの合憲性につき，目的二分論に基づかず，租税法規の場合には立法者の裁量を尊重すべきだとして合憲の結論を導きました（最判平成4・12・15民集46巻9号2829頁）。しかし，そもそも税金を確実にとるためというような目的で特定の職業を免許制にすること自体が許されるのか，疑問とすべきだったように思います。いずれにせよ，最高裁は職業選択の自由制約すべてに目的二分論を使用しているわけではないことになります。

## 7.2 財 産 権

財産権の保障は憲法29条で定められていますが，その条文の書き方は独特です（BOX 16）。1項で財産権を侵してはならないといいながら，その内容は2項で法律で定めるということになっています。しかし，法律で定められた財産権が憲法で保障されるというだけであれば，わざわざ憲法に規定する意味がなくなってしまいます。そこで学説は，29条は財産権の内容をいかようにでも法律で定められるという趣旨ではなく，憲法上，法律では侵害できない核心

## コラム 7-1 ● 小売市場って？

　小売市場判決は，経済的自由の合憲性審査についての判例の原則的立場を最初に示した判決として有名ですが，そこで距離制限の対象となった「小売市場」とはどんな市場のことなのか，現在の学生の皆さんには思い浮かべるのが難しいようです。個人商店の連なる商店街が，小振りになって丸ごと１つの建物に入ったようなものといえば，お分かりいただけるでしょうか。小さな八百屋や肉屋や文房具屋などが並んでおり，建物の通路を一周すれば日常の買い物の用が足りるようになっていました。

　私が育った町には確かにこのような小売市場がありました。しかし，スーパーが全国に拡大する時代の趨勢にこのような小売形態が耐えられるはずもなく，その小売市場もずっと以前に閉店しています。小売市場の新規開設に距離制限を設けようという立法は，このように苦しい経営を迫られつつあった個人商店主らを救おうというという目的をもつものでした。しかし，今日の目から見れば，その経済的合理性は疑問視せざるを得ません。このような法律が消費者の志向の変化を押しとどめられるはずもなく，結局のところ，小売市場という小売形態はほとんど姿を消すことになったのですから。

　最高裁は，このような法律にも立法裁量を広く認めました。立法者に譲りすぎだったというべきでしょうか。しかし，この法律により小売市場の商店主がわずかの期間でも商売を長く続けることができたのだとしたら，それだけで十分立法する意味はあったということなのかもしれません。立法者の判断を尊重するということは，多少合理性は怪しくても，生活のための具体的な要求を掲げる人々の思いに応える立法には目をつぶってあげるということを意味しているのでしょう。

---

□□□ BOX 16──日本国憲法　第３章　国民の権利及び義務

第 29 条【財産権】　①　財産権は，これを侵してはならない。

　②　財産権の内容は，公共の福祉に適合するやうに，法律でこれを定める。

　③　私有財産は，正当な補償の下に，これを公共のために用ひることができる。

領域が保障されているとの内容を含んでいると解釈してきました。

　しかし，その「核心」とは何でしょうか。一般には，それは「私有財産制度の保障」であるとされ，法律によってであっても，この制度の本質的内容を否定することは認められない，といわれます。しかし，「私有財産制度」とは何か，どのような制約が「私有財産制度」の本質を否定することになるのかという問題について，議論が深まっているわけではありません。おそらく，土地の私有を一切禁止するという法律は「私有財産制度」を否定することになるでしょうが，そのような極端な場合以外に，どのような制約が許されないのか，具体的な検討はなされていません。

　かつては，憲法が保障する私有財産制度とは，個人が人間に値する生活を行うための物的手段（「小さな財産」と呼ばれました）の享有のことであるとの学説が有力でした。逆にいうと，資本主義的生産のための大規模な資産（「大きな財産」）は，必ずしも憲法が保障する財産権とはいえず，法律で制約，あるいは否定することも可能だといわれていました。この学説は，日本国憲法下においても工場などの公有化をかなりの規模で認めることができるというために提唱されたものですが，そのような社会主義的政策がとられる現実的可能性がなくなった現在，この学説も下火になっています。

　最高裁は，1987年（昭和62年）の森林法事件で，当時の森林法が定めていた森林についての共有分割の制限規定を財産権侵害として違憲と判断しました（最大判昭和62・4・22民集41巻3号408頁）。当時の規定は，森林の共有分割を過半数の持ち分をもつ者にしか認めていなかったため，2人が半分ずつの持ち分で共有している場合，どちらからも共有を解消して単独所有に移ろうという請求ができなかったのです。最高裁は，単独所有が「近代市民社会における原則的所有形態」であるとし，本件ではそこからの逸脱を許容するだけの十分な事情はないと判示しました。この森林が生活に必要な財産といえるものであったかは疑わしく，むしろ最高裁は，民法が定める所有権規定が近代市民社会の原則として憲法上の保護に値するとの立場をとったと理解できます。しかし，なぜ民法の定める自由な共有分割請求権がそのまま憲法の内容となりうるのか，説明不足だという批判もあります。

　近年の財産権制限に関する判例は，立法者の判断を尊重しつつ合憲判断をな

## コラム 7-2● 区分所有権の制限事例

　1つの建物が複数の住居に分けられ，それぞれの住居部分が分譲されて個別に所有されている物件を，一般に分譲マンションといいます。日本では，高度成長期に建設された多くのマンションが老朽化しつつあり，大規模な修繕や建替えが必要になってきています。また，大震災のような災害が起きると，損傷して住み続けることが不可能となったマンションをどうするのかが社会問題となります。

　分譲マンションの各戸の所有権のことを，区分所有権と呼びます。通常の所有権者は，所有物を自由に処分する能力をもちますから，たとえば建物の所有者がそれを壊してしまうことも自由です。しかし，区分所有者が勝手に自己の居住部分を壊してしまえば，他の住人に多大な迷惑がかかりますから，そんなことは法律上許されていません。

　では，建物が老朽化したり損傷したりしたときには，どのように対処すればよいのでしょうか。区分所有者が対応策で全員一致すれば問題ありませんが，それは現実にはなかなか難しいでしょう。現在，「建物の区分所有等に関する法律」は，区分所有者の5分の4以上，及び各区分所有者に住居面積の割合に応じて配分される議決権の5分の4以上の多数で，建物建替えの決議を行うことができると定めています。

　この法律上の要件も非常に厳しいものであり，マンションの建替えがなかなか進まない原因になっているといわれることがあります。しかし，このような厳しい定めの背景には，区分所有権という財産権を一度消滅させてしまう建替えを，区分所有者本人の意思に反して強制することは，非常に強い財産権制約であるという考え方があるのでしょう。

　本文で述べたように，判例は財産権制約について立法者の判断を尊重する傾向にあります。しかし，特に不動産の所有権についての実際の立法には，それを非常に強い権利であるとみなす考え方が反映しているように思われます。日本の不動産の価格はきわめて高いですから，その購入者には強い権利が認められてしかるべきだという感覚があるのかもしれません。

### 参考資料■森林法旧186条

**第186条**　森林の共有者は，民法第256条第1項（共有物の分割請求）の規定にかかわらず，その共有に係る森林の分割を請求することができない。但し，各共有者の持分の価格に従いその過半数をもつて分割の請求をすることを妨げない

＊当該条文は違憲判決後まもなく国会で削除されました。

すものが多く，森林法判決はむしろ例外的に厳格な審査がなされた判決との位置づけが可能です。

29条3項は，私有財産を正当な補償の下に公共のために用いることができる，と定めています。私人の有する土地を道路や飛行場といった公共施設のために使用することが必要となった場合，法律で定めれば，強制的に土地の所有権を国や自治体に移転することが可能です。しかし，そのような財産権制約を行う場合には，必ず正当な額の補償がなされなければなりません。この正当な額とは，原則としてその財産権の市場価格であると解されます。

2020年の新型コロナウイルス感染症の流行に際しての「緊急事態宣言」によって，多くの劇場・映画館や娯楽施設，飲食店の営業が強く制約されました。法的には補償は必要とされていませんが，感染拡大防止のためとはいえ，職業活動にこのような強度の制約を課すには相応の補償がなされるべきではないかという意見が強く，多くの都道府県が，要請に応じた事業者に「協力金」を支給しました。しかし，支給額については不満が大きかったようです。予想できない突発的な事態だったとはいえ，経済活動への制約のあり方について課題を残しました。

## コラム7-3● 納税の義務

□□□ BOX 17──日本国憲法　第3章　国民の権利及び義務

第30条【納税の義務】　国民は，法律の定めるところにより，納税の義務を負ふ。

　憲法30条は，納税の義務を定めています。ただし，具体的な納税の義務は法律によって初めて生じるのであり，また当然ながら，この条文がなくても国民に納税の義務を課す法律を制定することは認められます。したがって，この条文の法的意味は，国民に納税の義務を課すこと自体というよりも，税金を課す要件は法律で定めなければならないと定める点にあります。もちろん，仮に本条がなくても，国民の財産権を制約する納税の義務の要件は法律で定める必要がありますので，やはり確認的な意味しかない条文だということになります。なお，憲法は84条で，財政の観点から改めて租税法律主義を定めており，税金徴収において国家権力が濫用されないよう慎重な姿勢を示しています。

# 第8章

# 人身の自由
——基本的人権Ⅴ——

# 8.1 適正手続の保障

　憲法は，33条以下で刑事手続における権利保障として多くの条文を置いていますが，31条はその総則的規定であると考えられています（BOX 18）。31条の文言は，刑罰を科するには，法律の定める手続による必要があることを求めています。しかし，この条文は判例・学説によってより多くの内容をもつと解釈されています。

　まず，刑事手続は法律で定められているというだけでなく，刑罰という制裁を科すことを正当化できるだけの，適正なものでなければならない，と考えられます。33条以下の諸条文は，この適正さの中身を具体的に定めていくものといえますが，31条はそれらの総則的規定として，一般的に刑事手続には適正さが求められること，つまり適正手続の保障を意味している，と解されています。

　さらに31条は，刑法など，具体的犯罪類型を定める実体法の法定と，その内容の適正さも求めている，との理解が一般的です。まず，刑罰規定を法律で定めるべきこと，つまり法律なければ刑罰なしという原理（罪刑法定主義）は，近代刑事法の最も基本的な原理ですが，このことを規定する憲法の明文はありません。そこで，31条は手続だけではなく刑事法全体についての総則的定めをする条文であると理解し，罪刑法定主義まで求めている，と解釈されます。さらに，同条は刑罰法規の適正さも求めているとの理解が広くなされています。憲法の基本的人権規定はすべて，刑罰法規の適正さの内容をなすものともいえるのですが，31条はさらに具体的内容として，刑罰が犯罪に照らして不均衡に重いものとならないことなどを求めている，と理解されています。

　最高裁は，1962年（昭和37年）の判決で，法律の定める手続によっていても，告知，弁解，防御の機会を与えることなく刑罰を科することは，31条に違反すると判断し，同条が適正手続の保障を求めているとの解釈を示しています（最大判昭和37・11・28刑集16巻11号1593頁）。本事件では，被告人以外の第三者の所有物が被告人への没収刑によって剥奪される危険があるにもかかわらず，その第三者が刑事訴訟に参加することが保障されていないことが問題となっていました。最高裁は，この法律上の不備を違憲としたのです。その

第 31 条【法定手続の保障】　何人も，法律の定める手続によらなければ，その生命若しくは自由を奪はれ，又はその他の刑罰を科せられない。

犯罪の発生・認知

証拠物件の収集（捜索・差押）・被疑者の取調べ

被疑者の身柄拘束（逮捕）

警察による逮捕　　　検察による逮捕

検察官送致

勾留請求（逮捕から最大 72 時間以内に）

→勾留手続（勾留は通常最大 20 日まで）

起訴・不起訴の決定（検察官）

公訴提起

第一審公判手続

冒頭手続

証拠調手続

弁論手続

判決言渡

控訴 ➡ 控訴審

上告 ➡ 上告審（法律問題のみを扱う）

被疑者

被告人

図 8-1　刑事事件の手続の流れ（代表的な一例）

第 39 条【遡及処罰の禁止・一事不再理】　何人も，実行の時に適法であつた行為又は既に無罪とされた行為については，刑事上の責任を問はれない。又，同一の犯罪について，重ねて刑事上の責任を問はれない。

後，法律は最高裁の要求に沿うよう改正されています。

なお，39条は，実行時に適法であった行為について後から刑事責任を問うことを禁止するとともに（遡及処罰の禁止），一度確定判決で無罪とされた行為や犯罪とされた行為について，再度刑事責任を問うことも禁じています（一事不再理の原則。BOX 19）。これは，刑事裁判における適正さの具体的内容の一つといえるものです。前者の遡及処罰禁止は，罪刑法定主義の当然の帰結ですが，すでに適法になされた行為を後から犯罪化するのは権力濫用の最たるものですので，憲法で明示的に禁止したのだと理解できます。また，同一の行為について何度も被告人としての地位に立たされることも，その者の地位を非常に不安定なものにしますから，憲法はこれを禁じています。

## 8.2 奴隷的拘束や拷問などの禁止

18条前段は奴隷的拘束を禁止し，後段は刑罰以外の意に反する苦役を禁止しています（BOX 20）。世界史の中では，人間をモノとして扱う奴隷制が存在しました。憲法は，このような個人の自由な主体としての尊厳を否定する身体的拘束を絶対的に禁止しています。犯罪者に対する懲役刑も，その者の自由意思を否定して強制的に労働させるような態様であってはいけません。

また36条は，拷問や残虐な刑罰を禁止しています。拷問は，捜査当局が犯人だとみなした者から無理やり自白を得るため，その者の身体に苦痛を与えることであり，かつてはどの国でも行われていたといっても過言ではありません。拷問が特に重大な人権侵害であることは明らかであり，憲法はこれを絶対的に禁止しています。

同条の禁ずる残虐な刑罰とは，不必要な苦痛を与える，人道上残虐と認められる刑罰を意味するとされます。死刑が残虐な刑罰にあたり，憲法違反となるのではないかということが，長らく議論の的となってきました。判例は，死刑そのものは残虐な刑罰とはいえないとしています。

第 18 条【奴隷的拘束及び苦役からの自由】　　何人も，いかなる奴隷的拘束も受けない。又，犯罪に因る処罰の場合を除いては，その意に反する苦役に服させられない。

第 33 条【逮捕の要件】　　何人も，現行犯として逮捕される場合を除いては，権限を有する司法官憲が発し，且つ理由となつてゐる犯罪を明示する令状によらなければ，逮捕されない。

第 34 条【抑留・拘禁の要件】　　何人も，理由を直ちに告げられ，且つ，直ちに弁護人に依頼する権利を与へられなければ，抑留又は拘禁されない。又，何人も，正当な理由がなければ，拘禁されず，要求があれば，その理由は，直ちに本人及びその弁護人の出席する公開の法廷で示されなければならない。

第 35 条【住居の不可侵】　①　何人も，その住居，書類及び所持品について，侵入，捜索及び押収を受けることのない権利は，第 33 条の場合を除いては，正当な理由に基いて発せられ，且つ捜索する場所及び押収する物を明示する令状がなければ，侵されない。

　②　捜索又は押収は，権限を有する司法官憲が発する各別の令状により，これを行ふ。

第 36 条【拷問及び残虐刑の禁止】　　公務員による拷問及び残虐な刑罰は，絶対にこれを禁ずる。

## 8.3 逮捕・捜索の制限

　33条は，何人も現行犯以外には，司法官憲による令状によってしか逮捕されないことを定めています。34条は身柄の拘禁に弁護人への依頼権保障などが必要であることを定め，35条は捜索や押収についても，原則として司法官憲の発する令状に基づくことを要請しています。これらは，警察や検察による犯罪捜査過程での不当な権利侵害を防ごうとする規定です。今日でも，逮捕・拘禁が警察の一方的判断で行われる国は多く，自由に対する大きな脅威となっています。これらの条文は，日本で戦前のような政治的理由による逮捕が繰り返されないために，大変重要な条文です。

　33条や35条の用いる「司法官憲」とは裁判官のことを指します。つまり，逮捕や捜索を許可する令状を発行できるのは，裁判官に限られます。そして，逮捕令状には理由となっている犯罪を明記しなければならず，捜索・押収令状には捜索する場所や押収すべき物が明示されている必要があります。

　逮捕については，33条自身が，現行犯の場合を令状主義の例外として認めています。しかし，現在の刑事訴訟法は，一定の範囲の犯罪について，逮捕の緊急の必要性があって裁判官の令状を求める余裕がないときに，逮捕してから直ちに令状を求めるという緊急逮捕を認めています。この緊急逮捕については，その合憲性を疑問視する説が根強くあります。また，35条は，「33条の場合」を捜索・押収の令状主義の例外と定めています。「33条の場合」とは何を意味するのか，いささか不明確なのですが，判例はこれを逮捕が可能である場合と解しています。

## 8.4 刑事被告人の権利

　37条は刑事被告人の権利として，公平な裁判所の迅速な公開裁判を受ける権利，証人審問権，弁護人依頼権を定め，38条は不利益供述の禁止や自白が被告人にとって唯一の不利な証拠である場合には，被告人を有罪とできないことなどを定めています（BOX 21）。刑事裁判の構造の大枠を憲法で定めるものといえます。

| 捜　索　差　押　許　可　状 | |
|---|---|
| 被疑者の氏名及び年齢 | 昭和　年　月　日生 |
| 罪　　　名 | |
| 捜索すべき場所身体又は物 | |
| 差し押さえるべき物 | |
| 請求者の官公職氏名 | |
| 有　効　期　間 | 平成　　年　　月　　日まで |

有効期間経過後は、この令状により捜索又は差押えに着手することができない。この場合には、これを当裁判所に返還しなければならない。
　有効期間中であっても、捜索又は差押えの必要がなくなったときは、直ちにこれを当裁判所に返還しなければならない。

　被疑者に対する上記被疑事件について、上記のとおり捜索及び差押えをすることを許可する。

平成　　年　　月　　日

　○○簡易裁判所

　　　　裁判官　　　○○　○○

図 8-2　捜索・押収令状（捜索差押許可状）の書式例

## コラム 8-1 ● GPS 捜査の合憲性

　憲法35条は，令状なしの住居捜索や所持品押収を禁じています。本人の意向に反する強制捜査には，裁判所のチェックを経た令状が求められているのです。しかし，情報技術の発達によって，本人に知られることなくプライバシー情報を入手することが容易になってきました。たとえば，ある人の乗用車にこっそり GPS 端末を取りつけておけば，その者の行動を簡単に細かく知ることができます。このような捜査を令状なしで行っていいのでしょうか。

　最高裁は，GPS 捜査は憲法35条が保障する私的領域に侵入されない権利を侵害する強制捜査であり，令状が必要だと判断しました。そして，立法者に，GPS 捜査に適合的な令状を新たに法定することを求めました（最大判平成 29・3・15 刑集71巻3号13頁）。憲法の要請を狭くとらえず，その趣旨を現代の技術発展に対応させた適切な判断だといえるでしょう。

昔から，秘密裁判は政治的弾圧などのための不公正な処罰の温床となってきました。37条1項は，刑罰を科するためには裁判手続が公開で行われ，第三者の批判的な視線にさらされることが必要であると定め，このような人権侵害の再発を防ごうとしています。憲法は裁判所について定める**第6章**で，裁判を非公開とできる例外を定めていますが（**82条**），そこでも政治犯罪，出版に関する犯罪及び憲法が保障する権利が問題となっている事件についての審理は，例外の例外として絶対的な公開を求めています。

　また，被告人が長期間にわたってその地位に置かれ続けることは，仮にその後無罪を勝ち取れたとしても，取り返しのつかない不利益をその者の人生にもたらすことになります。そこで37条1項は，「迅速な」裁判も求めています。最高裁は，第一審での審理が15年あまりもの間中断したという事例において，この条文を用いて裁判を打ち切り，被告人を免訴にしたことがあります（高田事件，最大判昭和47・12・20刑集26巻10号631頁）。ただし，これはかなり例外的な例であり，刑の確定まで長期間を要する裁判は他にも起きていますが，その他にこの条文を使って免訴とされたことはありません。

　**37条3項**は，自己の費用で弁護人を依頼できない被告人は，国選弁護人を求めることができる旨を規定します。ただし，憲法上の国選弁護人依頼権は被告人にのみ保障されており，勾留されているが起訴される前の被疑者には保障されていません。しかし，強引な取調べによる自白の強要などの問題は起訴前に起きることが多いので，少なくとも重大犯罪の場合には，貧しい人にもこの段階で国選弁護人依頼権を保障する必要があるのではないかといわれてきました。近年の法改正により，多くの犯罪についてこの被疑者段階での国選弁護人依頼権が認められるに至っています。

　**38条**は，自白について定めています。被告人の自白は，有罪証拠としての価値が高く見られがちであり，それだけに，自白を得ようと強引な取調べが行われる悪弊がどの国でもありました。**38条**は，**1項**で不利益供述を強要されない権利を一般的に保障するとともに，**2項**で不当な手段により得られた自白を証拠から排除すること，**3項**で自白を唯一の証拠として有罪にすることはできないことを定め，強引な取調べによる人権侵害が生じることを防ごうとしています。

第 37 条【刑事被告人の権利】　①　すべて刑事事件においては，被告人は，公平な裁判所の迅速な公開裁判を受ける権利を有する。

②　刑事被告人は，すべての証人に対して審問する機会を充分に与へられ，又，公費で自己のために強制的手続により証人を求める権利を有する。

③　刑事被告人は，いかなる場合にも，資格を有する弁護人を依頼することができる。被告人が自らこれを依頼することができないときは，国でこれを附する。

第 38 条【自己に不利益な供述，自白の証拠能力】　①　何人も，自己に不利益な供述を強要されない。

②　強制，拷問若しくは脅迫による自白又は不当に長く抑留若しくは拘禁された後の自白は，これを証拠とすることができない。

③　何人も，自己に不利益な唯一の証拠が本人の自白である場合には，有罪とされ，又は刑罰を科せられない。

## コラム 8-2● 被告人の長期勾留の問題性

　111 頁の図にあるように，ある犯罪の被疑者として逮捕・勾留された者については，長くても 23 日以内に公訴提起（いわゆる起訴）がなされなければなりません。日本では，被疑者を拘束したまま，だらだらと起訴を送らせてその人身の自由を制約しつづけることは認められていません。

　では，起訴がなされるとどうなるのでしょうか。捜査は終了し，被疑者は被告人となりますが，多くの場合，罪証隠滅の恐れや逃亡の恐れを理由として，裁判所の判断により勾留が継続します。これに対しては，一定の保証金（保釈金と呼ばれます）と引き換えに勾留を終了させる保釈が請求されることが多いのですが，保釈はなかなか認められず，被告人の身柄拘束はしばしば長期化します。しかも，実際には罪を認めると上記の恐れが少ないとして保釈が認められやすくなるため，日本の刑事裁判は「自由になりたければ自白せよ」という「人質司法」になっているという批判を受けてきました。

　このような批判を受け，近年は以前より保釈が認められやすくなっているといわれます。しかし今度は，保釈中に逃亡する者が増加するなどの問題が発生しており，保釈制度には改正が必要だという声が強まっています。

## 8.5 行政手続の適正さ

　憲法上の人身の自由は，基本的に刑事手続を念頭に置いて保障されています。刑事手続が，個人に対し，身体の拘束を含む最も厳しい自由制約を課すものであることから，その適正さが強く求められるのは当然です。しかし，今日では行政権のさまざまの活動が個人の生活と密接なかかわりをもつようになっており，行政が個人に対して各種の処分をなす際の手続についても，適正さが求められるべきではないかという意識が高まってきました。

　最高裁も，憲法の諸規定が刑事手続以外に対しても適用されうることを認めていますが，行政手続は多種多様であるので，どのような手続が必要かは場面ごとに変わってくる旨の立場を示しています（成田新法事件，最大判平成4・7・1民集46巻5号437頁）。行政手続を整備し行政の透明性を高めるために制定された行政手続法は，相手方にとって不利益な処分をなす際には，原則として聴聞や弁明の機会を与えなければならないと規定しています。

# 社 会 権
——基本的人権Ⅵ——

# 9.1 生存権

### 9.1.1 生存権の法的性格

　日本国憲法は，社会権として，生存権，教育を受ける権利，勤労の権利，労働基本権を保障しています。社会権は，個人の自由な生活を実質的に保障するために，基本的に国家に対する請求権として認められているものです。

　25条1項の「すべて国民は，健康で文化的な最低限度の生活を営む権利を有する。」という条文は，生存権を明確に掲げる，日本国憲法の中でも著名な条文の一つです（BOX 22）。本項の規定を受けて，最低限度の生活をすべての国民に保障するための法律として，生活保護法が制定されています。

　しかし，このように従来の自由権とは異質の権利規定をどのように解釈するか，戦後初期の学説はとまどいました。当初の有力な学説は，**25条**は国家に国民の文化的生存に配慮した政策をとるように求めるものの，個々の国民に国家に対する請求権を与えるものではない，と主張していました（国家の政策方針（プログラム）を示すものであって，それ以上の意味はない，という趣旨で，プログラム規定説と呼ばれます）。プログラム規定説はその根拠として，資本主義経済では自己の生活の糧は自分で稼ぐのが原則であることや，予算の分配は国の政策上の判断によることなどを挙げていました。しかしこの解釈は，当時激しかった社会主義国家との対立を過度に反映したものであって，**25条1項**が明確に「権利」という言葉を使っていることをあまりにも軽視しています。この憲法条文は，従来法的には拘束のなかった経済政策に対して個人の権利の観点から修正を迫ることに新味があるはずであって，それを従来の常識にとらわれて無視する論理はおかしいというべきでしょう。

　プログラム規定説が見直されたきっかけは，有名な朝日訴訟でした。結核で入院していた朝日さんは，生活保護法により医療費を免除され，さらに毎月600円の生活扶助（日常生活のための支給）を受けていました。1956年（昭和31年），兄から新たに月1,500円の仕送りを得られるようになりましたが，福祉事務所はその中から900円を医療費の一部として徴収することにし，600円を生活費として残した上で生活扶助を打ち切りました。朝日さんは，当時においても月600円では「健康で文化的な最低限度の生活」はおくれないとし，生

□□□ BOX 22──日本国憲法　第3章　国民の権利及び義務

第25条【生存権，福祉国家】　①　すべて国民は，健康で文化的な最低限度の
生活を営む権利を有する。
　②　国は，すべての生活部面について，社会福祉，社会保障及び公衆衛生の向
上及び増進に努めなければならない。

---

### 戦後初期の有力学説：プログラム規定説

生存権規定は，国家の政策方針（プログラム）に過ぎない。
　＝国民に国家への請求権を付与しない。
反論：「権利」とする文言に一致しない。
　　　個人の権利の観点からの経済政策の拘束という基本的発想に
　　　合わない。

### 見直しのきっかけ：朝日訴訟

第一審（1960年）：具体的な生活状況が，「健康で文化的な生活水準」が満たして
いないので，違法。
学説による抽象的権利説の展開：憲法25条1項からは具体的な給付請求権を導け
ないが，生活保護法制定によって，請求権が具体化した場合には，訴訟において，
国の措置の違憲性を主張できる。
最高裁判決（1967年）：朝日さんの死亡で，訴訟は打ち切り。
　「念のため」の判断で…具体的権利性の否定。
　生活保護法の解釈において，「健康で文化的な最低限の生活」への配慮が必要。
　しかし，行政の裁量権を広く認める。

その後の学説…
　25条1項のみを基準に合憲性判断ができるとする「具体的権利説」も。

図9-1　プログラム規定説とその見直し

存権が侵害されたとして訴訟を起こしたのです。第一審判決は具体的に朝日さんの苦しい生活状況を認定した上で、「健康で文化的な生活基準」が満たされていないとして福祉事務所の措置を違法としました（東京地判昭和35・10・19行集11巻10号2921頁）。

　学説も、25条の求める生活水準を国家の判断に委ねることになるプログラム規定説を反省し、いわゆる抽象的権利説が唱えられるようになりました。この学説は、憲法25条1項だけからでは個々の国民に国家に対する具体的請求権は導けないが、生活保護法が制定され請求権が具体化した後では、訴訟の中で国の措置の違憲性を主張することができると説きます。法律を根拠にした訴訟の中身でなら憲法問題を裁判で争えるということであり、「権利」として定められた意味が生きることになります。

　これに対し朝日訴訟の最高裁判決（最大判昭和42・5・24民集21巻5号1043頁）は、朝日さんが判決前に亡くなったので訴訟を打ち切った上で、「なお、念のために」といって25条1項の解釈に入り、国家に対する請求権は生活保護法によって初めて発生すると述べて、同項の具体的権利性を明確に否定しました。さらに、具体的権利を与える生活保護法の解釈において憲法の定める「健康で文化的な最低限度の生活」への配慮が必要であることは認めながらも、その判断において行政側の裁量権を非常に広く認める立場を示しました。国家の措置が違法と判断される可能性がほとんど残らないという意味では、実質的にはプログラム規定説に近い立場といえるでしょう。

　これに対し、学説上は抽象的権利説の立場から生活保護法解釈に憲法の要請をより強く生かすべきであるという批判がなされました。さらに、抽象的権利説を超える、具体的権利説も提唱されるに至っています。憲法25条1項のみを基準にして裁判所が国の行為の合憲性を判断できるという主張です。根拠としては、憲法が「権利」を保障している以上それは裁判所によって実現されうるものでなければならないはずであり、また「健康で文化的な最低限度の生活」とは憲法の他の文言と比較してもそれほどあいまいな概念ではない、というようなことが挙げられています。

　学説上はこのような議論があるのですが、一応法整備の整った今日における実務上の最大の問題は、判例の認める国側の広い裁量権を統制する論理をどう

図 9-2　朝日訴訟。朝日さんの遺影を掲げ「訴訟を勝ち取る大行進」をする支援者たち（1965 年 2 月：東京）（写真提供：毎日新聞社）

## コラム 9-1 ● 堀木訴訟

　　25 条をめぐる裁判としては，朝日訴訟の他に堀木訴訟が有名です。この事件は，1970 年（昭和 45 年），視力障害者であり，かつ独力で子どもを養育していた堀木さんが，従来受給していた障害福祉年金に加えて児童扶養手当の申請も行ったところ，法律の併給禁止規定によりその申請が認められなかったというものでした。つまり，障害福祉年金受給者が重ねて児童扶養手当を受けることは，認められていなかったのです。堀木さんは，この併給禁止規定は憲法 25 条などに違反すると主張して訴訟を起こしました。

　　最高裁は，朝日訴訟判決と同様に，「健康で文化的な最低限度の生活」の内容や，それを確保するための立法措置についての判断は立法府の広い裁量に委ねられており，著しく合理性を欠くような場合にしか違憲とはならないとしました。そして，社会保障給付を受ける理由が重なる場合にどのような給付を行うべきかについても立法裁量で判断できるとして，堀木さんの訴えを認めませんでした（最大判昭和 57・7・7 民集 36 巻 7 号 1235 頁）。

　　堀木訴訟では朝日訴訟と異なり，法律の規定の合憲性が直接争われており，最高裁の憲法 25 条解釈における立法裁量尊重の態度が，よりはっきりと示された判決となりました。

やって構築するかにあります。国は 1980 年代から，生活保護の不正受給を防ぐためとして給付要件を厳しく運用する態度を打ち出していますが，実際にはバブル崩壊後の不況の中で生活に困窮する人々の数は増加しています。90 年代以降は生活保護をめぐる裁判も再び増えており，その中で行政側の措置が裁判所により違法と判断されるケースも目立っています。

### 9.1.2　1項と2項の関係

　25 条解釈に関しては，1 項と 2 項の関係をどう見るかという問題もあります。両者は福祉向上という同一の目的を国民の権利と国家の責務という別の面から現したものと理解する立場が有力でしたが，近年では，1 項は国民が権利として最低限度の生活への要求をなしうることを規定し，2 項はそれ以上の生活保障を国の政策上の責務として定めたものだという理解も唱えられています。1 項をプログラム規定と解するのでは 2 項と差異はないことになりますが，1 項の権利性を厳格に考えれば，2 項はそれ以上の福祉についてのまさにプログラム規定だとして区別する論理は確かに成り立つといえるでしょう。

　最高裁は 1 項についても国の裁量を広く認めるため，2 項との関係に特に留意していません。1 項の権利は，2 項の責務の実現として行われる政策によって具体的に保障されていく，として，両者を一体化する立場をとっているようです（堀木訴訟，最大判昭和 57・7・7 民集 36 巻 7 号 1235 頁など）。

## 9.2　教育を受ける権利

### 9.2.1　教育を受ける権利の内容

　26 条は教育を受ける権利を定めます（BOX 23）。最初に強調しておかないといけないのは，教育を受けるのは「権利」であって「義務」ではないということです。確かに 26 条 2 項は「義務教育」という言葉を含んでいますが，その意味は，子どもの保護者は子どもに一定の教育を受けさせる義務を負っている，ということです。親は子どもを自分の道具のように幼少時から酷使してはならず，学校に通わせて教育を受けさせなければならない，というのが「義務教育」という言葉の意味であり，「子どもが学校に通わなければならない」義

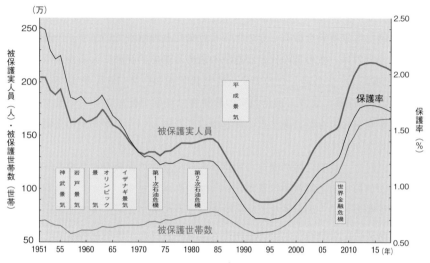

（出所）　厚生労働省ウェブサイト「第１回　生活保護基準の新たな検証手法の開発等に関する検討会　資料」
（注）　保護率は推計人口に対する被保護実人員の割合を示す。

**図 9-3　生活保護受給世帯数・生活保護受給者数の年次推移（1951〜2018 年）**
2020 年 9 月の被保護者調査（概数）では，被保護人員 2,049,409 人，保護率 1.63
％，被保護世帯数 1,635,754 世帯。

□□□ BOX 23──日本国憲法　第 3 章　国民の権利及び義務

**第 26 条【教育を受ける権利，教育の義務】** ①　すべて国民は，法律の定める
ところにより，その能力に応じて，ひとしく教育を受ける権利を有する。
　②　すべて国民は，法律の定めるところにより，その保護する子女に普通教育
を受けさせる義務を負ふ。義務教育は，これを無償とする。

務ではありません。

　貧困な子どもも教育を受けられるよう，義務教育の無償は憲法で定められています。しかし，その「無償」とはどういう意味なのでしょうか。判例は，教育の対価たる授業料を徴収しないという意味だと理解しています。一番問題となってきたのは，教科書の代金が憲法の求める無償の範囲に入るかどうかであり，判例はこれを否定したのです（最大判昭和39・2・26民集18巻2号343頁）。現在は法律により，義務教育の教科書は無償で配布されていますが，この法律を廃止しても特に憲法上の問題は生じないというのが判例の立場だということになります。

　これに対し，権利保障の徹底の観点から，授業料の他教育に必要な一切の費用を国が負担すると解釈すべきだという学説もあります。しかし，教育にかかる一切の費用というのはあまりに広すぎ，また各人によって大きな差が生じるでしょうから，それらを全部国に請求できるというのは無理があります。とはいえ，教科書のように現行法で学校での使用が義務づけられているものは，それなしではおよそ授業への参加が不可能なのですから，授業の不可欠の構成部分というべきでしょう。また，費用も均一なのですから，その代金は授業料に含まれると解することができるのではないでしょうか。

### 9.2.2　教育内容決定権のありか

　子どもは教育を受ける権利を有するとして，ではその教育内容は誰が定めるのでしょうか。これは，教科書裁判などで激しく争われてきた憲法学の重要問題の一つです。少々ややこしいのですが，この教育内容を決定する権限が裁判過程で「教育権」と呼ばれ，「教育権の所在」が議論されてきました。この問題を提起した最大の訴訟が，家永三郎氏の日本史教科書への検定不許可処分などが争われた，有名な家永教科書訴訟です。学校で用いる教科書には，文部大臣（現在は文部科学大臣）の検定に合格することが法律上の要件とされています。家永氏はこの検定不許可処分の違憲・違法を主張し，計3回にわたって訴訟を提起しました。

　その中で，家永氏側を勝訴させた判決の一つが，特に「国民の教育権」説を打ち出して注目されました（東京地判昭和45・7・17行集21巻7号別冊1頁）。

## コラム 9-2● 教育基本法

　教育分野には，国家の政策の基本となる法律として，教育基本法が存在します。教育基本法は，もともと日本国憲法制定直後に，この新憲法の下での教育の基本方針を定めるために制定されたものです。しかし，その内容に対しては，保守的な人々から，個人主義に偏っていて愛国心教育が規定されていないなどの批判がなされていました。2006年（平成18年）に誕生した第一次安倍晋三内閣は教育基本法の全面改正を掲げ，激しい議論を経て同年に新教育基本法が誕生しました。新法で「我が国と郷土を愛する」態度を養うことが教育の目標として入れられましたが，これにつき安倍首相は国会答弁で，統治機構としての国を愛することを求めるものではないという，（当然といえば当然の）答弁をしています。教育には，国家の政策を含む社会的現実に対する批判的な思考能力を育てることが不可欠であり，「国」への「愛」というあいまいな概念によってそのような能力育成を阻害することは，子どもの教育を受ける権利に対応する政策とはいえないでしょう。

　以下に，旧法と新法のいくつかの条文をあげておきます。

| 旧教育基本法（1947年） | 新教育基本法（2006年） |
|---|---|
| 第1条（教育の目的）　教育は，人格の完成をめざし，平和的な国家及び社会の形成者として，真理と正義を愛し，個人の価値をたつとび，勤労と責任を重んじ，自主的精神に充ちた心身ともに健康な国民の育成を期して行われなければならない。<br>第10条（教育行政）　①　教育は，不当な支配に服することなく，国民全体に対し直接に責任を負つて行われるべきものである。<br>　②　教育行政は，この自覚のもとに，教育の目的を遂行するに必要な諸条件の整備確立を目標として行われなければならない。 | 第1条（教育の目的）　教育は，人格の完成を目指し，平和で民主的な国家及び社会の形成者として必要な資質を備えた心身ともに健康な国民の育成を期して行われなければならない。<br>第2条（教育の目標）　教育は，その目的を実現するため，学問の自由を尊重しつつ，次に掲げる目標を達成するよう行われるものとする。…<br>　5　伝統と文化を尊重し，それらをはぐくんできた我が国と郷土を愛するとともに，他国を尊重し，国際社会の平和と発展に寄与する態度を養うこと。<br>第16条（教育行政）　①　教育は，不当な支配に服することなく，この法律及び他の法律の定めるところにより行われるべきものであり，教育行政は，国と地方公共団体との適切な役割分担及び相互の協力の下，公正かつ適正に行われなければならない。 |

これによれば，子どもを教育する責務を担うのは親を中心とする国民全体であり，実際の教育はその信託を受けた教師によって遂行されます。教師は日々の子どもとの触れ合いの中で教育内容を決定していくのであり，その際には教育の自由が不可欠となります。国家は教育の外的条件整備の責任は負いますが，教育内容に介入することは原則として許されません。そして判決は，当時の教科書検定を内容の当否判断にまで及ぶ違法なものであると結論したのです。これに対し，別の訴訟での判決は，教育する責務を負うのは国であるとの立場をとり，特に初等・中等教育においては教育内容の画一化の要請が働くので，教師の教育や教科書の内容にまで制約が及ぶことも認められるとし，訴えを大部分退けました。この判決は「国家の教育権」説をとったものと理解されています（東京地判昭和49・7・16判時751号47頁）。

その後最高裁は，全国の中学校の一斉学力テストへの反対運動についての事件で，この教育内容決定権の問題についての見解を示しました（旭川学テ訴訟，最大判昭和51・5・21刑集30巻5号615頁）。それは，上記2つの「極端」な見解は採用しないと明言した上で，教師や国などにそれぞれ必要かつ相当な権限を分配するというものでした。判決は，現場で子どもと触れ合っている教師に，教育においてある程度自由な裁量を認める必要を是認しますが，しかし子どもに批判能力が十分でないことや，教育の全国的一定水準確保の要請から，その自由にも制約がある，とします。判決は他方で，国の教育内容への関与権限を認めつつも，教育のような文化的営みに対する国家からの政治的介入は抑制的であるべきだ，とも述べます。一般論としては穏当な考えだといえるでしょう。

旭川学テ訴訟最高裁判決は，国家の教育内容決定を一定程度で認めたのですが，実際には，小学校から高等学校までの教育内容は学習指導要領というかたちでかなり詳細に定められています。このように国が全国一律で教育内容を定めることは，最高裁の立場と両立するのでしょうか。最高裁は，学習指導要領の法的拘束力を否定しそれに沿った授業を行わなかった教師に対する懲戒処分が問題となった事件で，指導要領の拘束力を認めました（伝習館高校事件，最判平成2・1・18民集44巻1号1頁）。しかし，現状の指導要領が細かすぎない「大綱的」なものだといえるかどうかには，疑問があります。

表 9-1　家永教科書訴訟

| | 第一次<br>（国家賠償請求） | 第二次<br>（不合格処分の取消訴訟） | 第三次<br>（国家賠償請求） |
|---|---|---|---|
| 第一審 | 請求一部認容。<br>「国家の教育権説」<br>検定制度は検閲に該当せず。<br>一部に裁量権濫用。<br>【東京地判昭和 49・7・16 判時 751 号 47 頁】 | 請求認容。<br>「国民の教育権説」<br>現行の検定制度は検閲に該当。<br>【東京地判昭和 45・7・17 行集 21 巻 7 号別冊 1 頁】 | 一部請求認容。<br>検定制度自体は合憲。<br>一部に裁量権の逸脱。<br>【東京地判平成元・10・3 判タ709 号 63 頁】 |
| 控訴審 | 裁量権の逸脱・濫用も否定。<br>（一審原告全面敗訴）<br>【東京高判昭和 61・3・19 判時 1188 号 1 頁】 | 控訴棄却。<br>【東京高判昭和 50・12・20 行集 26 巻 12 号 1446 頁】 | 検定制度自体は合憲。<br>一部に裁量権の逸脱を認め，一部請求認容。<br>【東京高判平成 5・10・20 判時 1473 号 3 頁】 |
| 上告審 | 上告棄却。<br>（一審原告全面敗訴）<br>【最判平成 5・3・16 民集 47 巻 5 号 3483 頁】 | 訴えの利益の有無を判断する必要があるので，破棄差戻し。<br>【最判昭和 57・4・8 民集 36 巻 4 号 594 頁】 | 検定制度自体は合憲。<br>一部に裁量権の逸脱を認め，一部請求認容。<br>【最判平成 9・8・29 民集 51 巻 7 号 2921 頁】 |
| 差戻審 | | 学習指導要領の改訂により，訴えの利益消滅。<br>【東京高判平成元・6・27 判時 1317 号 36 頁】 | |

　計三次に及んで教科書検定の合憲性・合法性が争われた家永訴訟は，教育をめぐる最大の憲法裁判であり，教科書執筆の自由や教育権の所在などに関して多くの論点が議論されました。最高裁は，実質的には 2 度，家永氏の日本史教科書への検定不合格処分や条件付合格処分の合法性について判断を示しました（一度は，訴訟要件についての理由で上告を棄却）。

　第一次訴訟の最高裁判決は，旭川学テ訴訟判決を受けて国の教育内容への介入を一定限度で認め，検定のための審査基準はその範囲内にあるとして，教科書検定制度を合憲と判断しました。そして，検定処分は学術的，教育的な専門技術的判断であるから，文部大臣（当時）の合理的な裁量に委ねられるとしつつ，個々の処分は，検定当時の学説状況，教育状況についての認識や，検定基準に違反するとの評価等に看過し難い過誤がある場合にのみ，違法となるとの立場を示しました。

　第三次訴訟の最高裁判決も，一般論としては同じ立場を示しました。しかし，日中戦争時に中国で活動していた日本軍の「七三一部隊」が細菌戦を行うことを目的として，多数の中国人を生体実験をして殺害したという家永氏の叙述に文部大臣が修正意見を付したことについては，その大筋は歴史学界で定説化しており，修正を求めることは「看過し難い過誤」にあたるから違法であるとの判断を示しています。

社会権の最後に，労働者の権利について説明しておきましょう。憲法27条1項は，勤労の権利及び義務を定めています（BOX 24）。とはいえ，この条文はあまり意味をもつとは考えられていません。職業選択の自由（22条1項）を超えて，国家に対して勤労機会の提供を具体的に求めることができる権利というのは，想定しにくいからです。

憲法28条は，勤労者の団結権，団体交渉権，団体行動権を保障しています。一般に，本条の権利を総称して労働基本権と呼びます。個人個人としては使用者に対して弱い立場にある労働者が団結することによって，実質的に平等な地位をできるだけ確保して，労働条件などの交渉を行えるようにするための権利です。労働基本権は，実質的に公正な経済秩序をつくる観点から認められるに至ったものであり，その意味で社会権に分類されます。しかし，このような歴史的経緯に鑑み，国家に具体的給付を求める権利というよりは，国法による団結禁止を許さないという自由権の意味が重要となります。

また，民事法上も，本権利の行使は使用者に対して違法な行為とはみなされず，損害賠償などの民事責任は負わないという効果も発生します。本条を受けて制定された労働組合法は，1条2項で労働組合の正当な行為を刑法35条に定める「正当な業務による行為」として不可罰にし，8条で使用者の損害賠償請求を否定していますが，これらは憲法28条の効果を法律上確認したものです。

まず団結権とは，労働者が労働条件の維持・改善のために使用者と対等の立場で交渉できるよう，労働組合を結成する権利を意味します。労働組合の活動は自主的なものでなければならず，国家や使用者の介入は禁止されます。使用者は，労働者が労働組合を結成したことを理由として不利益な扱いをしないよう義務づけられます。

次に団体交渉権とは，労働者が団結して使用者と労働条件につき交渉する権利であり，使用者は労働組合との協議を拒めません。労働組合法は労働組合と使用者との取り決めを労働協約と呼び，組合員にはそれに反する労働契約を許さないという規範的効力を認めています。

**第 27 条【勤労の権利及び義務，勤労条件の基準，児童酷使の禁止】**　①　すべて国民は，勤労の権利を有し，義務を負ふ。

②　賃金，就業時間，休息その他の勤労条件に関する基準は，法律でこれを定める。

③　児童は，これを酷使してはならない。

**第 28 条【労働基本権】**　　勤労者の団結する権利及び団体交渉その他の団体行動をする権利は，これを保障する。

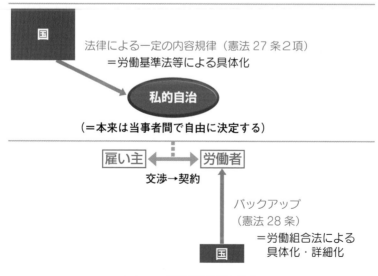

図 9-4　**労働関係法規の構造**

そして「その他の団体行動をする権利」という部分が，団体交渉において有利な条件を引き出すための組合側の闘争の権利，いわゆる争議権を示しています。業務遂行を拒否するストライキが代表的な形態です。正当な争議行為は民事法・刑事法上免責されますが，問題は何が「正当な」行為かの判断です。暴力の行使が正当とはいえないことは当然ですが（労働組合法1条2項），それ以外の場合でも，争議行為は使用者の財産権や営業の自由を制約することが避けがたいことから，労使交渉とは直接関係ない問題に関する争議まで認めるべきかどうかが問題となります。組合の政治的要求貫徹を目指す政治ストの合法性が特に争われてきました。判例は，経済的地位の向上の要請とは直接関係がない政治的目的のための争議行為は，憲法28条の保障の枠外だとしています。しかし，組合の活動範囲が政治過程を通じた経済生活の向上も含む以上，政治的目的のストが一切認められないというのも不適切でしょう。

## 9.4 公務員の労働基本権制約

重大な労働基本権制約として，公務員の問題があります。法律上，公務員の労働基本権は様々に制約されています。たとえば一般の国家公務員は，「職員団体」を結成することはできますが，使用者たる国と労働条件についての協約を結ぶことはできず，かつ争議行為も禁止されています。さらに警察官など，団体の結成自体が禁じられている職種もあります。また，争議行為のそそのかしやあおりは刑罰をもって禁止されています。このような制約が合憲なのかどうかについては，公務員の団体が大きな政治力を有していたこともあって，戦後一貫して激しく争われてきました。しかも最高裁の立場が揺れ動いたこともあって，有名かつ重要な憲法判例の分野ともなったのです。

判例は当初は公務員の「全体の奉仕者」として性格から争議権禁止の合憲性を簡単に認めてきましたが，その後，争議への参加者に対する処罰を限定的にしか認めない姿勢を示しました。しかし，この最高裁の立場は，保守的な政府・与党には「偏向」していると見られ，激しい裁判所攻撃が展開されました。そして，最高裁は1973年（昭和48年）に全農林警職法事件で，処罰抑制的立場を明示的に覆し，再び職種を問わず公務員の地位の公共性を強調して，争議

◆**当初の判例**（例：最大判昭和 28・4・8 刑集 7 巻 4 号 775 頁）
「全体の奉仕者」や「公共の福祉」を理由として，具体的な説明のないまま
広範な基本的人権の制約を合憲とする。

◆**全逓東京中郵事件判決**（最大判昭和 41・10・26 刑集 20 巻 8 号 901 頁）
公務員にも労働基本権が保障されていることを前提にして，制限は，国民生
活全体の利益との比較衡量で「合理性の認められる必要最小限度のもの」に
とどまることを要求。

◆**都教組事件判決**（最大判昭和昭和 44・4・2 刑集 23 巻 5 号 305 頁：地公法）
◆**全司法仙台事件判決**（最大判昭和 44・4・2 刑集 23 巻 5 号 685 頁：国公法）
争議行為の「あおり行為」の処罰について，合憲限定解釈（争議行為の違法
性とそれをあおる行為の違法性がともに強い場合にのみ処罰を合憲とする，
いわゆる「二重のしぼり」論）を展開。処罰が許される範囲を大きく狭める。

◆**全農林警職法事件判決**（最大判昭和 48・4・25 刑集 27 巻 4 号 547 頁）
全司法仙台事件判決を判例変更。①国民全体の共同利益の見地からの公務員
の地位の特殊性と職務の公共性，②公務員の争議行為の，財政を国会の権限
とする議会制民主主義との矛盾，③争議行為への市場の抑制力の不存在，④
代償措置としての人事院の存在といった事情を強調し，国家公務員に対する
刑罰を合憲とする。

**図 9-5　公務員の労働基本権制約をめぐる判例の変遷**

←上記「全逓東京中郵事件」の舞台は東京駅前の東京中央郵便
局でした。郵政民営化後，商業施設の入った高層ビルへと生ま
れ変わっています（山田哲史撮影）。

あおり行為の全面的禁止を合憲としました。判決はその他，公務員の労働条件は国会が決めるべきであって，争議行為は議会制民主主義に反するとか，私企業と違って公務員の争議には市場の抑制力が働かないなどの理由を挙げています（最大判昭和48・4・25刑集27巻4号547頁）。下級審ではその後も公務員の労働基本権を守ろうとする判決がいくつか出されていますが，最高裁はずっとこの姿勢を堅持しています。

　しかし，このような全面合憲論は，公務員の基本的人権をあまりに簡単に制約してしまうものだといわざるをえません。様々の職種・権限を有する公務員をまったく区別せず，非常に抽象的な「公共性」なるものを理由にして争議権を全面的に奪うというのでは，およそ何でも合憲だといっているに等しく，違憲審査権の放棄といっても過言ではありません。

## キーワード● 労働三権の制限

　公務員に対する労働基本権制限は，現行法上次のようになっています。

### ■警察職員・消防職員・自衛隊員など
　×　労働三権全てが認められない

### ■その他の一般職国家・地方公務員
　○　団結権（ただし，結成される組合は，労働組合法の適用を受けない。）
　○　団体交渉権（労働協約締結権はない。）
　×　争議権は否定。

### ■行政執行法人や地方公営企業の国家・地方公務員
　○　団結権（組合への加入強制は認められない。）
　○　団体交渉権（管理・運営事項は対象外。）
　×　争議権は否定。

# 参政権・国務請求権

―――基本的人権Ⅶ―――

【本章で解説する部分】

## 10.1 参政権

### 10.1.1 参政権・選挙権の性質

参政権とは，文字通りに理解すれば，政治に参加する権利のことです。もちろん，政治的表現活動も広い意味での政治参加といえ，だからこそその自由は厚く保障されなければなりません。ただ，その自由権の行使が政治に影響を与えることが，法的に保障されているわけではありません。これに対し，参政権とは，単なる自由権とは違い，一定の法的効果を伴って政治の仕組みに参加する権利を意味します。典型的には，選挙に参加して投票する権利（選挙権）があります。国民の投じる一票一票の積み重ねによって，議員や知事などが選ばれるのです。憲法 15 条 1 項は，公務員の選定罷免権を保障していますが，もちろんあらゆる公務員を国民が直接選んだりクビにしたりできるという意味ではありません（BOX 25）。憲法上は，国会議員（43 条 1 項）や地方公共団体の長及び議会議員（93 条 2 項）を選挙で選ぶことが求められています。

選挙権の性質については，国民各人が代表者選定に参加する権利であると同時に，有権者団の一員として国家機関の構成員決定に携わるという公務としての性格も有していると考える二元説が通説だといえます。これに対し，純粋な権利としての性質のみを認める権利一元説も有力に主張されています。しかし，選挙権が，他の純粋に私的目的のために使用できる権利とは異なり，公務員を選ぶという意味で公務としての性格を有していることは否定しがたいところで，複合的性格を有しているという理解の方が適切であると思います。ただ，公務としての性質を有しているからといって，権利行使が簡単に制約できるようになるというわけではありません。

最高裁は，選挙権の法的性質についての学説の議論には特に言及しないものの，外国に住む日本人の選挙権行使が制限されていたことを違憲とした 2005 年（平成 17 年）の判決において，選挙権に対する制約には厳格な姿勢で臨むことを明らかにしています。つまり，「制限をすることなしには選挙の公正を確保しつつ選挙権の行使を認めることが事実上不能ないし著しく困難であると認められる場合でない限り」，選挙権への制限措置は認められない，との立場を示したのです（最大判平成 17・9・14 民集 59 巻 7 号 2087 頁）。選挙権の重

## コラム 10-1 ● 在外日本人選挙権訴訟

　1998年（平成10年）の公職選挙法改正まで，国外に居住している国民は選挙で投票することができませんでした。理論的には，国外にいても国民は選挙権を有するはずなのですが，国内に住所を有していないと選挙人名簿に名前が記載されず，その結果選挙権を行使することができないことになっていたのです。さらに，1998年の改正でも，在外国民には衆議院と参議院の比例代表選挙への投票が認められただけで，選挙区選挙への投票は認められませんでした。個々の立候補者についての情報は，未だ海外に適切に伝達するのが困難だと考えられたのです。

　最高裁は2005年（平成17年）の判決で，このような選挙権への制約について，厳しい態度を示しました（最大判平成17・9・14民集59巻7号2087頁）。まず，1996年（平成8年）の衆議院選挙時に在外国民に投票がまったく認められなかったことについて，国会が在外国民への対処を怠っていたのであって違憲であったと判断しました。さらに，2005年当時にも在外国民に選挙区選挙での投票が認められていなかったことも，通信手段のめざましい発達などからしてもはや正当化できないとし，やはり違憲と判断しました。

　その後法律は改正され，現在では在外国民もすべての国政選挙に参加できます。

　最高裁判所裁判官の国民審査については，その後も在外国民に審査権の行使が認められてきませんでした。最高裁は最近，これも憲法違反だと判断し，国会に法改正を求めました（最大判令和4・5・25民集76巻4号711頁）。

要性に配慮した，妥当な解釈だといえるでしょう。

## 10.1.2　選挙権の内容

　選挙の原則としては，普通選挙，平等選挙，秘密投票が挙げられます。

　**15条3項**は成年者による普通選挙を保障しています。普通選挙とは，狭義では一定の財産所有や納税を選挙権の要件とする選挙（制限選挙）の対立概念で，選挙権にこのような財産的要件を課さない選挙をいいます（女性を除く選挙も「普通選挙」と呼ばれたのはこのためです）。ただし今日では，身分や性別，人種などといった，年齢以外の要件での区別を行わない選挙という広い意味でも用います。憲法**44条但し書き**は，国会議員の選挙人資格につき「人種，信条，性別，社会的身分，門地，教育，財産，又は収入によって差別してはならない。」と定め，この広義の普通選挙を保障する趣旨を明確にしています。なお，2015年（平成27年）に，選挙権年齢の下限を18歳に引き下げる法律改正が成立しました（翌年6月から施行）。

　平等選挙とは，各人の選挙権の価値は平等でなければならないという原則です。形式的には普通選挙が認められても，各人の投票がすべて平等の価値をもつものとして扱われなければ，実質的に選挙権の平等が確保されません。今日，この平等選挙との関係では，選挙区間の投票価値の較差が最大の問題でとなっています。この問題については，平等の箇所（5.3）で説明しました。

　憲法**15条4項**は投票の秘密と選挙人の無問責を定めています。投票の秘密は，選挙人が自由な意思で投票内容を決めることができるために求められるものです。そもそも，投票が各人の自由な意思の現れでなければ，選挙結果も民意を表すものとはいえません。しかし，選挙はまさに議員など公権力に携わる人々を決める手段であるだけに，有権者に対して有形無形の圧力がかかる危険が大きいのも事実です。このような圧力で有権者の投票が歪められることを避けるため，秘密投票が憲法上保障されているのです。

## 10.1.3　選挙運動の自由

　選挙が国民の自由な意思の反映であることを保障するには，それに先立つ選挙運動において自由が保障されていることが必須の条件となります。当然なが

　選挙権の制約に対する厳格な姿勢を最高裁が示したことで，最近下級審裁判例でも，選挙権の制約に対する違憲判決が見受けられます。

　まず，2013 年（平成 25 年）3 月 14 日に東京地方裁判所は，成年被後見人について選挙権を有しないとしていた公職選挙法 11 条 1 項 1 号を違憲無効とする判決を出しました（判時 2178 号 3 頁）。これを受けて，同年 5 月には公職選挙法が改正され，成年被後見人についても選挙権が認められました。

　さらに，同年 9 月 27 日には，大阪高等裁判所が，禁固刑以上の刑に処せられた受刑者の選挙権を一律で否定していた公職選挙法 11 条 1 項 2 号について，違憲であるとの判断を示しました（判時 2234 号 29 頁）。ただし，他の訴訟では合憲判決も出されており，裁判所の判断は分かれています。

図 10-1　違憲判決を伝える新聞報道
　　　　（毎日新聞：平成 23 年 3 月 15 日付朝刊）

ら選挙は議員らにとって最大の関心事の一つですから，選挙に向かう民意形成過程を自己の陣営に有利に規律しようとする誘因は非常に強いといえます。そして，一旦この民意形成過程が歪められれば，その過程を経た議員らが権力を握ることになりますから，その不公正を民主主義プロセスを通して是正するのは非常に困難となります。その意味で，選挙に関する表現活動に対する規制は，数ある表現制約の中でも，本来最も警戒すべき類型だといってもよいはずです。ところが，日本では公職選挙法が選挙運動に対する極めて広範な制約を定めており，最高裁は選挙の公正を確保するためという抽象的な理由づけで，一貫してそれらの合憲性を認めています。

　これらの制約の合憲性は，大きな憲法上の争点となってきましたが，この問題については表現の自由の箇所で触れました（**6.3.3**）。ここではもう一つ，衆議院議員選挙に小選挙区から立候補した者の選挙運動において，政党所属候補者がそれ以外の候補者よりも優遇されていることが，候補者間の差別問題として提起されていることを指摘しておきます。その中でも最も重要なのは，政党所属候補者にのみテレビなどでの政見放送が認められていることです。このような差異が，選挙制度を政党本位のものにするという国会の政策的判断により正当化できるものなのか，疑問視されていますが，最高裁はこの点でも厳格な審査を行わず合憲と判断しています（最大判平成 11・11・10 民集 53 巻 8 号 1704 頁）。

## 10.2　国務請求権

　憲法は，以上述べてきた権利の他に，国家に対して一定の行為を請求する権利をいくつか保障しています。ただし，それらが「請求」する内容はまちまちであり，多分に便宜的分類ともいえます。

　**16 条**は請願権を認めています（BOX 26）。請願権も広い意味での政治参加の権利といえますが，選挙権と違って，その行使から何か特定の法的効果が発生するという性格のものではありません。請願した国や地方自治体に対して誠実な処理を求めることができるにとどまります。

　**32 条**の裁判を受ける権利は，自分の権利が侵害された者が，国家に対して

第16条【請願権】　何人も，損害の救済，公務員の罷免，法律，命令又は規則の制定，廃止又は改正その他の事項に関し，平穏に請願する権利を有し，何人も，かかる請願をしたためにいかなる差別待遇も受けない。

第32条【裁判を受ける権利】　何人も，裁判所において裁判を受ける権利を奪はれない。

第17条【国及び公共団体の賠償責任】　何人も，公務員の不法行為により，損害を受けたときは，法律の定めるところにより，国又は公共団体に，その賠償を求めることができる。

第40条【刑事補償請求権】　何人も，抑留又は拘禁された後，無罪の裁判を受けたときは，法律の定めるところにより，国にその補償を求めることができる。

## コラム 10-3●郵便法違憲判決

　国家賠償請求権に対する制約が問題となった事案として，郵便法が定めていた賠償責任制限規定を違憲とした最高裁判決があります（最大判平成 14・9・11 民集 56 巻 7 号 1439 頁）。当時は郵政民営化前で，国家賠償の問題となったのです。

　事案は，書留の一種で，民事訴訟に関する書類を郵送するための特別な仕組みである特別送達に関するもので，この制度で郵送された郵便物の送達が遅滞したことに対する賠償責任が争われました。当時の郵便法では，書留郵便物についての損害賠償は，郵便物が亡失又は棄損したときに限られており，単なる遅滞は賠償の対象にならなかったのです。この制約が，最高裁によって違憲とされました。

　判決は，通常の郵便物については損害賠償責任制限の必要性を認めつつも，特別送達のような重要で数も少ない特殊な郵便物の場合には，責任限定は認められないとしました。また，判決は，その他の書留郵便物についても，故意又は重過失によって生じた損害に対する責任は免除できない，と述べています。

その救済を求めることを保障するものであり，権利の実効的保障のために非常に重要です。裁判所は，この権利に対応して，公正な裁判を行えるよう組織される必要があります。

　**17条**は，国や地方公共団体の違法行為で損害を受けた者が，それらに損害賠償を求めることができる国家賠償請求権を保障しています。これは，当たり前のようではありますが，実は戦前からの大きな転換でした。戦前には，損害賠償請求権は，公権力行使から生じた損害については排除されていたのです。今日では，この国家賠償請求権は，憲法違反を主張するための道具としても広く用いられています。

　**40条**が定める刑事補償請求権は，刑事手続で身柄を拘束された者が後に無罪となった場合，国家に損失補償を求める権利です。この場合，国側には無過失の責任が発生し，請求する側が国の過失を立証する必要はありません。人身の自由の箇所で述べたように，憲法は刑事手続において不当な身柄拘束ができるだけ生じないよう配慮していますが，それでも逮捕や勾留を受けた人が結果的に無罪となることを確実に防止することはできません。憲法は，国に無過失責任を負わせることにより，このような被害を受けた人の損失を補償しようとしています。

# 第11章

# 国　会
──統治機構 I ──

### 11.1.1 国権の最高機関

　41 条は，国会を国権の最高機関であり，かつ国の唯一の立法機関であると定めています（BOX 27）。まず，国会が国権の最高機関であるとは，どういう意味で理解すればよいのでしょうか。最高機関であるといっても，国会が内閣や裁判所に対して具体的な行為を命じる権限を有すると考えることはできません。そのようなことを許せば，権力分立という立憲主義の基本原則が崩れてしまいます。

　そこで学説上は，この規定は法的権限を与えるものではなく，国会が主権者国民から選挙で選ばれ，国民との距離が近いことを肯定的に形容する表現に過ぎないとする理解が有力です（政治的美称説）。この説に対しては，国会の最高機関性は，国会が国政全般の円滑な運営について最高の責任を負うことを表しており，個々の条文の解釈指針としての意義を有するし，憲法上配分先不明の権限が国会に帰属するという推定の根拠になる，という反対説（統括機関説）も唱えられています。

　政治的美称説は，確かに，国会が内閣や裁判所とは違い，国民から直接選ばれた機関であるということに憲法が与えた高い評価を，軽視している印象を与えるかもしれません。しかし，権力分立を前提とする限り，最高機関であるということから具体的権限を導くことはやはり不可能であり，統括機関説もまた，最高機関性には他の条文の解釈指針といった間接的な役割を与えているに過ぎません。だとすれば，両説は必ずしも相互排他的なものではないともいえます。国会は国民から選挙を通じて構成される機関であるという性質を考慮に入れて，具体的な憲法解釈を行えばよいということになるでしょう。ただ，その際，国会であっても権力機関である以上その権限を安易に認めるべきではないとの立場からは，最高機関という用語に積極的な法的意味を認めない政治的美称説の方が適切だということになるでしょう。

### 11.1.2 国の唯一の立法機関

　41 条は，国会は国の唯一の立法機関であるとも定めています。こちらが，

□□□ BOX 27——日本国憲法　第4章　国会

第41条【国会の最高機関性・立法権】　国会は，国権の最高機関であつて，国の唯一の立法機関である。

第42条【両院制】　国会は，衆議院及び参議院の両議院でこれを構成する。

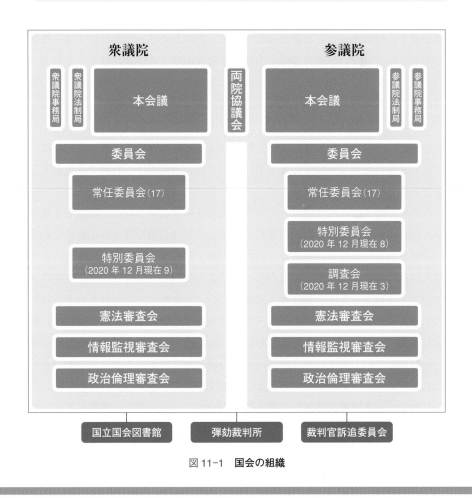

図 11-1　**国会の組織**

国会に立法権という中心的権限を与える，法的に重要な規定であるということには，異論はありません。しかし，「立法権」とは何かとなると，とたんに様々の説が登場します。

立法とは，法律を制定することです。41条からは，法律という名の法を制定できるのは国会だけだという要請が導かれます。しかし，その「法律」とは何なのでしょうか。多くの学説は，この法律を形式的意味でとらえては41条の意味がなくなる，と考えました。つまり，国会のみが法律という名の法を制定できるとするだけでは，その他の機関，特に内閣が命令によって実質的に同一の内容の法を制定することを止められない，と考えたのです。もちろん，法律が命令に優位することは認められてきました。しかし，これだけでは，法律が制定されていない事項について内閣の権限を限定する根拠にはなりません。そこで，国会が立法権を独占するということは，制定される法規範の内容にも関係すると考えなければならないとされました。結局，41条は，実質的意味の法律が形式的意味の法律として，つまり国会によって制定されなければならない，ということを命じている，と解されることになります。言い換えれば，実質的意味の法律で規律すべき事項については，内閣だけの判断で法規範を定立することはできないのです。

しかし，そうなると今度は，実質的意味の法律とは何なのかが問題となります。伝統的には，それは国民の権利を制限し，又は義務を課する法規範である，と理解されていました。つまり，国民の権利を制約するような法規範は，必ず形式的意味の法律として，すなわち国会によって制定されなければならない，ということになります。現在も，実務はこのような考え方に従っているといわれています。これは，かつてのドイツや日本のような君主制国家において，君主と議会の権限を画するために使われていた定式の名残りです。もともと全統治権を有していた君主に対して，国民の権利義務に関することについてはその代表たる議会の同意が必要であるという形での制約をかけていったのです。

しかし，日本国憲法は天皇の統治権を否定しており，また，内閣も憲法で与えられる権限をもつのみです。内閣は国民の権利を制約しない事柄については法律を待たずに行為できる，という立場をとる必然性はありませんし，そのような立場が望ましいとも思えません（この点は，後に内閣の行政権の箇所でも

## コラム 11-1 ● 法律が制定・公布されるまで

　国会が「国の唯一の立法機関」であるとは，国会が国の立法権を独占することに加えて，立法が他の国家機関の関与を受けずに国会の手続のみで完了することを意味すると解されています。前者の実体的な権限配分についての原理を国会中心立法の原則，後者の手続的な権限についての原理を国会単独立法の原則といいます。

　ただし，国会単独立法の原則に対しては，憲法上いくつかの例外が定められています。すべての法律には，主任の国務大臣の署名と内閣総理大臣の連署が必要とされます（74条）。さらに，法律が国民を拘束するためには公布が必要であると考えられますが，この公布は内閣の助言と承認に従い天皇が行います（7条1号）。法律を無事施行するには内閣の関与が必要となるわけです。もちろん，国会で可決成立した法律については，内閣はこれらの職務を義務づけられているのであり，署名を拒否することなどは憲法違反となります。

　憲法上の明文の規定がなく，議論の対象となってきたのは，内閣に法律案提出権があるかどうかです。実際には，日本国憲法下でも一貫して内閣の法律案提出権は認められており，しかも実際に成立する法律の大多数は内閣提出によるものです。しかし，法律案の提出も立法手続の一部だとすると，内閣がその権限をもつのかどうか，憲法解釈としては疑問視しうることになります。

　議院内閣制においては，内閣に，対国会責任と裏腹の関係にある権限として，責任を負うべき対象となる政策の国会への積極的提言が認められてしかるべきであり，その一環として，内閣の法律案提出権も認められるといえるでしょう。また，このように解しても，国会は法律案を自由に修正・否決できるのであり，その立法権を制約するわけではありません。具体的には，72条がいう「議案」に法律案も含まれていると解釈することになります。

　なお，「一の地方公共団体のみに適用される特別法」（地方特別法）については，95条の規定により，国会だけでは立法手続は完了せず，住民投票で過半数の同意を得る必要があります。これも国会単独立法への憲法上の例外です。

　国会単独立法の原則からは，この地方特別法以外の場合に，法律の成立を国民投票の結果に委ねるような制度は認められないと解されます。日本国憲法は基本的に代表民主政をとっているのであり，国民自身の権力行使は憲法改正など限定的な場合にしか認められていません。

説明します）。むしろ，あらゆる事項において，法律が内閣の行為の前提となると考える方が日本国憲法の統治構造に合致しているのではないでしょうか。このような解釈態度から，実質的意味の法律という概念を用いる必要はなく，法律は形式的に理解しておけばよい，という学説も有力に提唱されています。ただし，この学説は，内閣が命令として実質的に同じ内容を規定できると考えるのではなく，まったく逆に，内閣はどのような事項についても法律がなければ何もできない，と考えるのです。つまり，国会と内閣の権限分配を，法律概念によってではなく，内閣の権限限定によって行うわけです。そう考えれば，法律概念を内容によって区別する必要はなくなります。

## 11.2 国会の組織・運営

### 11.2.1 国民の代表

43条は，国会両議院は「全国民を代表する選挙された議員」から構成される，と定めています（BOX 28）。国民代表という用語は，各国会議員の性格についても，国会全体の性格を示すためにも，使われることがあります。

国会議員が全国民を代表しているとは，どういうことでしょうか。各々の議員は，選挙で選ばれるという意味で国民との直接のつながりをもってはいますが，それ以上に選出母体である選挙区有権者の意思に拘束されているわけではありません。「全国民の代表」とは，法的には，国会議員が特定の有権者（集団）の意思を代弁しているのではなく，全国民のために独立して職務を行うべき地位にあることを意味します。

フランス革命時には，議員は有権者からも独立であり，議会での決定が国民の実際の民意に従う必要はなく，むしろ議会の意思がすなわち国民の意思である，と考えられていました。これを，国民から議員への委任のあり方として「自由委任」と呼び，国会議員のあり方としては「純粋代表」と呼びます。この名称には，「本来国会議員はそうあるべきだ」というニュアンスが込められています。しかし，その後の民主主義思想の発展に伴い，議員は法的には独立性が認められているとしても，事実上は民意に従うことが求められるというあり方（これを「半代表」と呼びます）の方が，望ましいと考えられるようになりま

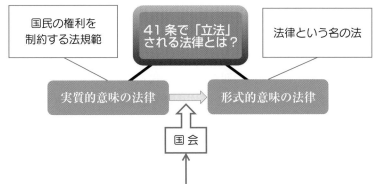

図 11-2　立法権の通説的考え方

ただし，この説の基礎には，行政権者が国民に対して独自の支配権を有しているとの考えがあります。この権限を否定し，行政権は常に法律に従ってしか権力を行使できないのだから，実質的意味の法律というものを考える必要はないという主張もあります。

□□□ BOX 28──日本国憲法　第4章　国会

第43条【両議院の組織・全国民の代表性】　①　両議院は，全国民を代表する選挙された議員でこれを組織する。

②　両議院の議員の定数は，法律でこれを定める。

第44条【議員及び選挙人の資格】　両議院の議員及びその選挙人の資格は，法律でこれを定める。但し，人種，信条，性別，社会的身分，門地，教育，財産又は収入によつて差別してはならない。

した。今日，国会議員が国民の意思と無関係に行動することが正当化できるはずはなく，国会議員の「全国民の代表」という地位も，この半代表として理解すべきであるといえるでしょう。また，実際にも，再選のことを考えないといけない国会議員が民意を無視できるわけはありません。

　読者の皆さんは，民主主義の観点からは半代表はいかにも中途半端であり，国会議員の独立性をより制限して，その判断を民意に法的に拘束する制度（これを「命令委任」と呼びます）を導入すべきだという感想をもつかもしれません。実際に，そのような制度の導入も憲法解釈として許されるという主張もあります。しかし，国民の意思は現実には非常に多様であり，その意思に拘束力を認めることは，実際には多数意見による少数意見切捨てにつながるおそれがあります。多様な民意ができるだけ国会内に反映されるには，むしろ国会議員の側の判断権を残す「事実上の拘束」というあいまいな状態の方が適切だと考えることができるのです。また，憲法が国会議員の選挙後の行動を拘束する措置を定めていないこともあり，憲法は命令委任を認めていないという解釈の方が一般的です。

　今日の国会議員の大半は特定の政党に所属しており，国会での行動にあたって，政党による党議拘束を受けています。この党議拘束が，国会議員の全国民の代表性に反しないか，議論があります。確かに，党議拘束は，特定の思想の有権者集団に支持されているに過ぎない政党が，国会議員の行動を縛ろうとするものですが，それ自体は国会議員の地位そのものに影響を与えるわけではなく，むしろ事実上の民意への拘束という半代表の要請に沿うものと評価することができます。仮に党議拘束に反したとして政党を除名される国会議員が出たとしても，議員としての地位が維持されるのであれば，憲法違反と考える必要はありません。しかし，もしこの違反に議員の地位剥奪といった法的制裁が結び付けられる場合には，全国民の代表性が求める，各議員の独立の判断権の法的保障に反するということになるでしょう。

　今日，比例代表選挙で当選した議員は，選挙時に争っていた政党に移動することを認められていません（国会法109条の2）。しかし，このような政党移動の禁止は全国民の代表性に反するのではないかという指摘もあります。

## コラム 11-2● 「議論の府」としての国会

　国会は立法権を有する権力機関ですが，一方で「議論の府」とも呼ばれるように，国会議員が国会議事堂内でしている仕事の大半は，（少なくとも国民の目に見える範囲では）議論です。国会議員の主たる職責は，法律案などの採決の際に立ったり座ったりすることと並んで，それらの審議過程において議論を行うことにあります。むしろ，後者の議論を行うことこそ国会議員の主たる役割であると考える人も多いでしょう。しかし，従来の憲法学における国会の扱いでは，この側面が必ずしも十分な評価を受けていないように思われます。

　議員が純粋代表として考えられていた時代には，各議員が自由に自己の考えを述べ合い，そこでの議論の結果として形成される意思こそが議会の意思であり，すなわち国民の意思であるとされました。まさに議会は議論の府だったのです。しかし，議会が実在する民意を反映すべきだと考えられるようになると，議会内での議論自体に価値があるという考え方は衰えていきます。民意を反映する政策を着実に法律化することこそが，議会の役割であり，議会内の議論によって政策を形成することはむしろ民主的とはいえないということにもなります。近年の日本で有力に主張された，与党が選挙の際に掲げたマニフェストをそのまま実行するのが望ましい政治のあり方だという考え方などは，その一例といえるでしょう。

　しかし，このような考え方には，国民の多数が同意している固定的な意見があるという，根拠の乏しい前提が存在します。国民がマニフェストに掲げられた個別の政策を丸ごと支持したという主張は，フィクションだといわざるを得ません。実際には，国民の政治的意見は多様に分かれており，しかも流動的であるというのが通常でしょう。国会は，そのような民意の動向に配慮しつつも，何らかの結論を自己の責任で形成することを求められるのであり，そのためには，国民の面前での議論が必要不可欠になります。むしろ，多くの国民の意見自体，国会での議論からの刺激を受けて初めて形成されるということもあるでしょう。国会での議論が国民の間での議論と連動して行われ，その過程を通じて国会としての確定的意思が形成されるというのが，今日においてもあるべき国会の姿だといえます。国会の「議論の府」としての性格は，国会議員を半代表ととらえる場合でも，軽視すべきではありません。

## 11.2.2 選挙制度

　国会の議席構成は，どのような選挙制度が採用されるかによって大きく異なってきます。憲法は，**47条**で選挙についての事項を法律で定めるよう求めており，特定の選挙制度を指定しているわけではありません（BOX 29）。他の条文で求められている普通選挙や平等選挙などの要請を満たしていれば，具体的な制度については国会の裁量が広く認められます。

　現在，衆議院ではいわゆる小選挙区比例代表並立制がとられています。これは，有権者が各選挙区の立候補者個人に投票し，最多得票を得た者1人を当選させる小選挙区制と，議員定数多数の選挙区において有権者が政党を選び，各政党に得票割合に応じて議席を配分する比例代表制とを組み合わせた制度です。2020年（令和2年）11月現在，全国は289の小選挙区に分けられており，つまり小選挙区選出議員が289人いることになります。比例代表選挙では176人が選ばれますが，この議員定数は全国を11のブロックに配分された上で，それぞれのブロックごとに票が集計され，各政党への議席配分が行われます。このように，「並立制」といっても，中心は小選挙区に置かれており，選挙結果の帰趨を決めるのは小選挙区での争いだということになります。

　小選挙区制では，小政党には事実上議席獲得の見込みがなくなりますから，二大政党制が生じやすいといわれています。実際，小選挙区制をとっているイギリスやアメリカでは，二大政党制が続いてきました（もっとも，イギリスでは，近年第三党が成長しています）。特に議院内閣制国においては，選挙で政党ごとの勝敗がはっきり示される小選挙区制の下では，与党が安定的な多数を占めることが容易となり，政権が安定するといわれています。そして，選挙が国民による政権選択の意味を強く帯びることになります。半面で，小選挙区制は民意の議会への適切な反映という点では欠陥のある制度だという批判も強くなされています。

　比例代表制は，ちょうど逆の特徴を有しています。政党ごとの得票分布をできるだけそのまま議席に反映させようとするため，民意の反映という点では優れていますが，小党乱立を招きやすく，政権が不安定化する欠点があると指摘されます。また，政権の枠組み決定が選挙後の政党間の連立交渉に委ねられることが多くなり，選挙が政権選択の意義をあまりもてないことになります。

**第 47 条【選挙に関する事項】**　選挙区，投票の方法その他両議院の議員の選挙に関する事項は，法律でこれを定める。

**第 48 条【両議院議員兼職の禁止】**　何人（なんぴと）も，同時に両議院の議員たることはできない。

## コラム 11-3 ● 政 党 論

　今日の議会制を，政党抜きで語ることはできません。国会内での意見集約は政党単位で行われ，議事運営も政党どうしの話し合いで決められます。なにより，議院内閣制においては，多数党が与党として内閣を支える役割を担っています。しかし，政党の意義はこのような議会内での働きに尽きるものではありません。国民の意見を議会に反映させるためのパイプの役割を果たすことが，その最も重要な役割であるといえるでしょう。今日ではどの国でも，選挙は主に政党どうしの争いとして認識され，個別の候補者の当落よりも，政党ごとの当選人数の増減が重視されます。個別政策の形成にあたっても，各政党が自らの支持層を中心とする民意を考慮して掲げる政策が大きな意味をもちます。

　最高裁は，「憲法の定める議会制民主主義は政党を無視しては到底その円滑な運用を期待することはできない」，「政党は議会制民主主義を支える不可欠の要素なのである」などと判示しています（株式会社から政党への政治献金の合法性が問題になった八幡製鉄事件（最大判昭和 45・6・24 民集 24 巻 6 号 625 頁））。政党の，議会制「民主主義」のための必要性を強調する判例の趣旨は，上に挙げたようなことだと理解してよいでしょう。

　日本では，政党は国会議員の集団と同視される傾向があります。しかし，本来政党は一定の政治的目的をもつ人々の結社であり，その目的達成のために選挙に参加して，構成員が直接権力を掌握しようとするものです。政党自体は，党員を主人公とする国会外の存在であり，その自由な活動を尊重しなければなりません。ただ，今日では政党の政治的重要性を考慮して，特に選挙や政治資金の面で，他の結社に比べて特権的地位が与えられるとともに，多くの法的規制にも服しています。

衆議院で小選挙区中心の選挙制度が採用されたのは，まさに衆議院の総選挙を政権選択選挙にしようというねらいからでした。ただ，純粋な小選挙区制では小政党にあまりにも不利となるので，比例代表制が加味されているのだといえます。選挙制度には，唯一の正解はなく，現行制度の是非をめぐって議論が続いています。

　参議院は，各都道府県を選挙区として，それぞれ各選挙において1ないし5人の議員が選ばれる仕組みとなっている選挙区選挙と，全国一区で行われる比例代表選挙を並立させた選挙制度となっています。現在，過半数の選挙区において選挙ごとの議員定数は1人となっており，選挙制度が衆議院とかなり似かよったものになっています。都道府県を選挙区とする現行制度では，選挙区ごとの人口に差がありすぎて，投票価値較差の抜本的是正が困難なこともあり，選挙制度の抜本的改正が模索されていますが，なかなか実現は困難な状況です。

## 11.2.3 両院制

　国会は，衆議院と参議院の二院から構成されます（42条）。衆議院議員の任期は4年（ただし，解散の場合にはその時点で任期は終了します），参議院議員の任期は6年です（45条・46条。BOX 30）。衆議院では任期満了又は解散に伴い，一度に全議員についての選挙が行われますが，参議院は3年ごとに議員の半数を改選することになっています。

　両院制においては，両院の意思が合致したときのみ，全体としての国会の意思が形成されるというのが原則です。国会の中心的権限である立法については，**59条1項**がこの旨を明記しています。しかし，憲法はいくつかの点において衆議院の優越を定めています。立法の場合，参議院の同意が得られなくても，衆議院が自らの可決した案を出席議員の3分の2以上の多数で再可決すれば，法律として成立させることができます。また，予算，条約承認，内閣総理大臣指名については，衆議院の議決が絶対的に優越し，参議院の意思にかかわらず，最終的には衆議院の意思が国会の意思となります。

　この両院への権限分配については，近年，衆参両院で政治的多数党派が異なる，いわゆる「ねじれ国会」となることが増えてきたため，多くの議論がなされています。後述するように，内閣は衆議院多数派から選出され，その内閣は

表 11-1　衆議院と参議院

| 衆 議 院 | | 参 議 院 |
| --- | --- | --- |
| 4 年 | 任期 | 6 年（3 年毎に半数改選） |
| 465 人<br>選挙区 289<br>比例代表 176 | 定数 | 248 人<br>選挙区 148<br>比例代表 100 |
| 25 歳 | 被選挙権者<br>年齢 | 30 歳 |
| 選挙区：289 選挙区<br>比例代表：全国 11 区 | 選挙方法 | 選挙区：原則各都道府県<br>単位（定数 2〜12，ただ<br>し各選挙での当選者数は<br>その半数）45 区<br>比例代表：全国 1 区 |
| あり | 解散 | なし |

□□□ BOX 30──日本国憲法　第 4 章　国会

第 45 条【衆議院議員の任期】　　衆議院議員の任期は，4 年とする。但<sup>ただ</sup>し，衆議院解散の場合には，その期間満了前に終了する。

第 46 条【参議院議員の任期】　　参議院議員の任期は，6 年とし，3 年ごとに議員の半数を改選する。

第 59 条【法律案の議決，衆議院の優越】　①　法律案は，この憲法に特別の定<sup>さだめ</sup>のある場合を除いては，両議院で可決したとき法律となる。
　②　衆議院で可決し，参議院でこれと異なつた議決をした法律案は，衆議院で出席議員の 3 分の 2 以上の多数で再び可決したときは，法律となる。
　③　前項の規定は，法律の定めるところにより，衆議院が，両議院の協議会を開くことを求めることを妨げない。
　④　参議院が，衆議院の可決した法律案を受け取つた後，国会休会中の期間を除いて 60 日以内に，議決しないときは，衆議院は，参議院がその法律案を否決したものとみなすことができる。

予算や条約については自らを支持する衆議院の多数派により自らの意思を通すことができます。しかし、法律について参議院の反対を覆すには、衆議院で3分の2以上の多数が必要になります。内閣がこれだけの多数の支持を得られない場合、望む法律を成立させることはできません。予算を通すことができても、収入や支出の根拠となる法律が成立しなければ実際の政策執行はできないことが多く、政治の停滞を招く原因となっていると指摘されています。

しかし、この法律成立要件を変更するには憲法改正が必要であり、少なくとも短期的には、それが成立する見込みは高くありません。また、当然ながら、内閣の求める政策を実現する義務が国会にあるわけではありません。両院の党派構成が異なれば国会としての意思の形成が難しくなることは明らかであり、それにもかかわらず国民がそのような国会のあり方を望んだのだとすれば、国民は国会の活発な活動を望んでいないのだと考えることも十分可能でしょう。少なくとも、何が何でも「決める」ことを最優先して、参議院に示された国民の意思を軽視してよいということにはならないはずです。

### 11.2.4 会 期 制

国会は、内閣や裁判所と異なり、常時活動している機関ではなく、会期中のみ活動能力をもちます。憲法は、国会の召集を天皇の国事行為とした上で、常会（52条。BOX 31）、臨時会（53条）という会期の区別について言及しています。また、54条が定める、衆議院解散に続く総選挙後30日以内に召集される国会は、法律上、特別会と呼ばれています。国会法によれば、常会は毎年1月に召集されるのを常例とし、会期は150日間です。まず4月から始まる翌年度の予算審議が行われます。予算が可決された後は、その時々の内閣の掲げる主要政策課題についての法案審議が論戦の中心的対象となります。6月中に会期が終了する計算になりますが、法案審議の状況によっては延長されることもあります。臨時会は、ほぼ毎年秋ごろに召集されています。

国会が決められた期間のみ活動するというのは、かつて議会が、君主の諮問に答えるため君主の求めに応じて召集されていたことの名残りといえるもので、今日の国会のあり方としてふさわしいのかどうかには疑問があります。憲法が会期制をとっているのは明らかなのですが、国会で十分な審議が行えるよう、

□□□ BOX 31──日本国憲法　第 4 章　国会

第 52 条【常会】　　国会の常会は，毎年 1 回これを召集する。

第 53 条【臨時会】　　内閣は，国会の臨時会の召集を決定することができる。いづれかの議院の総議員の 4 分の 1 以上の要求があれば，内閣は，その召集を決定しなければならない。

第 54 条【衆議院の解散・特別会，参議院の緊急集会】　①　衆議院が解散されたときは，解散の日から 40 日以内に，衆議院議員の総選挙を行ひ，その選挙の日から 30 日以内に，国会を召集しなければならない。
　②　衆議院が解散されたときは，参議院は，同時に閉会となる。但し，内閣は，国に緊急の必要があるときは，参議院の緊急集会を求めることができる。
　③　前項但書の緊急集会において採られた措置は，臨時のものであつて，次の国会開会の後 10 日以内に，衆議院の同意がない場合には，その効力を失ふ。

1 月　常会（通常国会）の召集（会期は 150 日間：延長可能）
　　　開会式
　　　国の総予算の提出
　　　首相の施政方針演説ほか「政府四演説」
　　　と各会派の「代表質問」
2 月　予算審議（衆議院先議）
3 月
4 月〜　法律案・条約承認などの審議
6 月　常会の会期終了
9〜10 月　臨時会の召集
　　　　　首相の所信表明演説と各会派の代表質問
　　　　　補正予算案や法律案，条約の審議
11 月　決算の国会提出
12 月　臨時会の会期終了

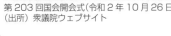

第 203 回国会開会式（令和 2 年 10 月 26 日）
（出所）衆議院ウェブサイト

（注）　あくまで目安であり，政治状況により変動します。

図 11-3　国会の一年の流れ

できるだけ長い開会期間が求められるというべきでしょう。

　53条後段は，いずれかの議院の4分の1以上の議員からの要請があれば，内閣は臨時会の召集を決定しなければならないと定めています。ところが，何日以内にという明文の義務づけがないため，内閣はこの要求を受けても長期間国会を召集しないことがあります。とくに近年そのような事例が繰り返され，批判を受けました。53条後段は，国会内の少数派に国会で議論する機会を与えるための規定であり，内閣がそれを握りつぶすのはまさに憲法の意図に反する行為です。内閣は要求から合理的期間内に臨時会召集を決定する義務を負うと解すべきでしょう。

### 11.2.5　定足数，会議の公開，委員会

　各議院は，3分の1以上の議員の出席がなければ議事を開き議決することができません（56条1項）。あまり少ない議員数で会議が開かれては，合議体としての国会の意義が失われてしまうとの考慮によるものです。また，両議院の会議は公開で行われ，議事録を作成して一般に頒布することが憲法で定められています（57条1項・2項）。この原則への例外としての秘密会の開催には，出席議員の3分の2以上の賛成が必要です。ただし，これらは両議院の本会議についての規定です。

　今日の国会運営は，実際には，完全に委員会がその中心を占めています。委員会は両議院に，およそ各中央省庁に対応した担当分野ごとに設けられています。提出された法案は，関係する委員会に付託され，そこで実質的な審議が行われます。また，予算審議もそのほとんどが予算委員会で行われます。本会議は，委員会での採決結果を受けて，全議員の投票で最終的な議院の意思を示すだけのことがほとんどです。本会議での討論が注目されるのは，会期最初に内閣総理大臣が所信表明演説や施政方針演説を行うときぐらいでしょう。

　このような委員会中心主義には，対象となる議案に詳しい議員を中心に中身の濃い議論ができるという長所がある一方，議員と対象分野を管轄する行政官庁との癒着が強まり，行政監督という国会の重要な任務がおざなりになる危険があるとの指摘もなされています。なお，委員会の定足数は，法律で委員の半数と定められています。また，委員会について法律では，原則として国会議員

第 56 条【定足数，表決】　①　両議院は，各々その総議員の 3 分の 1 以上の出席がなければ，議事を開き議決することができない。

②　両議院の議事は，この憲法に特別の定のある場合を除いては，出席議員の過半数でこれを決し，可否同数のときは，議長の決するところによる。

第 57 条【会議の公開，会議録，表決の記載】　①　両議院の会議は，公開とする。但し，出席議員の 3 分の 2 以上の多数で議決したときは，秘密会を開くことができる。

②　両議院は，各々その会議の記録を保存し，秘密会の記録の中で特に秘密を要すると認められるもの以外は，これを公表し，且つ一般に頒布しなければならない。

③　出席議員の 5 分の 1 以上の要求があれば，各議員の表決は，これを会議録に記載しなければならない。

表 11-2　委員会の一覧

| 衆議院 (2020 年 12 月) | | 参議院 (2020 年 12 月) |
|---|---|---|
| 内閣委員会 | 常任委員会 | 内閣委員会 |
| 総務委員会 | | 総務委員会 |
| 法務委員会 | | 法務委員会 |
| 外務委員会 | | 外交防衛委員会 |
| 財政金融委員会 | | 財政金融委員会 |
| 文部科学委員会 | | 文教科学委員会 |
| 厚生労働委員会 | | 厚生労働委員会 |
| 農林水産委員会 | | 農林水産委員会 |
| 経済産業委員会 | | 経済産業委員会 |
| 国土交通委員会 | | 国土交通委員会 |
| 環境委員会 | | 環境委員会 |
| 安全保障委員会 | | 国家基本政策委員会 |
| 国家基本政策委員会 | | 予算委員会 |
| 予算委員会 | | 決算委員会 |
| 決算行政監視委員会 | | 行政監視委員会 |
| 議院運営委員会 | | 議院運営委員会 |
| 懲罰委員会 | | 懲罰委員会 |
| 災害対策特別委員会 | 特別委員会 | 災害対策特別委員会 |
| 政治倫理の確立及び公職選挙法改正に関する特別委員会 | | 沖縄及び北方問題に関する特別委員会 |
| 沖縄及び北方問題に関する特別委員会 | | 政治倫理の確立及び選挙制度に関する特別委員会 |
| 北朝鮮による拉致問題等に関する特別委員会 | | 北朝鮮による拉致問題等に関する特別委員会 |
| 消費者問題に関する特別委員会 | | 政府開発援助等に関する特別委員会 |
| 科学技術・イノベーション推進特別委員会 | | 地方創生及び消費者問題に関する特別委員会 |
| 東日本大震災復興特別委員会 | | 東日本大震災復興特別委員会 |
| 原子力問題調査特別委員会 | | 賀詞案起草に関する特別委員会 |
| 地方創生に関する特別委員会 | | |

の他には非公開という定めになっています。しかし，今日のように国会運営が委員会中心に行われている現実を前提にすれば，委員会を非公開で行うことは憲法の趣旨に反して不適切であるというべきでしょう。法律上も報道関係者などは委員長の許可を得て傍聴できるとされていますが，より明確に原則公開の規定にすることが望まれます。実際には，委員会審議のインターネット中継が行われるなど，委員会の公開性確保への配慮はなされています。

## 11.3　国会のその他の権限

　憲法が定める国会の権限としては，立法権の他，予算議決権などの財政に関する権限，条約承認権，内閣総理大臣指名権，裁判官弾劾裁判所の設置権があります。後の2つの権限は内閣および裁判所の章で説明するとして，ここでは初めの2つについて説明します。

### 11.3.1　財政に関する権限

　憲法は83条で，国の財政に関する国会の議決を総則的に規定しています（BOX 33）。具体的には，まず，予算は毎年度，内閣が作成した上で国会の議決を経る必要があります（86条）。予算は衆議院に先に提出すること，予算についての議決には衆議院の絶対的優越が妥当することも定められています（60条）。

　予算とは，国の歳入・歳出について作成された見積もりですが，国会の議決を経る実質的意味は，それがないと国の歳出権限が発生せず，国費を支出できないという拘束力にあります。歳入については，租税法律主義（84条）のもと，国は予算の歳入見積もりとは独立に，租税を徴収することができます。不景気で税収が予算での見積もり額よりも少なくなっても，法律での要件以上の税金を課すことはできません。これに対し，歳出については，予算は法的効力を有します。国は，予算で定められた特定の項目について，そこに計上された予算額を支出することができるのみであり，予算に記載のない支出を行うことは違法です（85条）。予算が国会の議決を得られなければ，国は資金を全く支出できない事態に追い込まれます。ただし，憲法は予算についての衆議院の絶

□□□ BOX 33——日本国憲法　第 4 章 国会(第 60 条)，第 7 章 財政(第 83 条以下)

第 60 条【予算の衆議院先議，予算議決に関する衆議院の優越】　①　予算は，さきに衆議院に提出しなければならない。

　②　予算について，参議院で衆議院と異なつた議決をした場合に，法律の定めるところにより，両議院の協議会を開いても意見が一致しないとき，又は参議院が，衆議院の可決した予算を受け取つた後，国会休会中の期間を除いて 30 日以内に，議決しないときは，衆議院の議決を国会の議決とする。

第 83 条【財政処理の基本原則】　　国の財政を処理する権限は，国会の議決に基いて，これを行使しなければならない。

第 84 条【租税法律主義】　　あらたに租税を課し，又は現行の租税を変更するには，法律又は法律の定める条件によることを必要とする。

第 85 条【国費の支出及び国の債務負担】　　国費を支出し，又は国が債務を負担するには，国会の議決に基くことを必要とする。

第 86 条【予算】　　内閣は，毎会計年度の予算を作成し，国会に提出して，その審議を受け議決を経なければならない。

第 87 条【予備費】　①　予見し難い予算の不足に充てるため，国会の議決に基いて予備費を設け，内閣の責任でこれを支出することができる。

　②　すべて予備費の支出については，内閣は，事後に国会の承諾を得なければならない。

表 11-3　近年の一般会計当初予算と補正予算

| 令和元年度<br>（2019） | 当初予算：99 兆 4,291 億円　　補正予算：4 兆 4,722 億円 | |
| --- | --- | --- |
| | 歳出総額 103 兆 9,013 億円 | |
| 令和 2 年度<br>（2020） | 当初予算 102 兆 6,580 億円　　1 次補正予算：25 兆 6,914 億円 *1 | |
| | 2 次補正予算：31 兆 9,114 億円 *2　　3 次補正予算：15 兆 4,271 億円 *3 | |
| | 歳出総額 175 兆 6,878 億円 | |

*1　新型コロナウイルス感染症対策予備費 1 兆 5,000 億円含む。*2　新型コロナウイルス感染症対策予備費 10 兆円含む。
*3　新型コロナウイルス感染症対策予備費減額 1 兆 8,500 億円含む。
（財務省ウェブサイトを参考に作成）

対的優越によって，そのような危機的状況には陥らないよう配慮しています。

　現在の日本では，会計年度は4月1日から3月31日までです。内閣は，毎年この一年間の予算を作成し，会計年度開始に先立つ1月ごろに通常国会に提出して，国会の議決を求めます。これを本予算あるいは当初予算と呼びます。憲法は，不測の事態に備えるため，内閣の責任で用いることのできる予備費の制度も認めています（87条）。さらに，法律上，年度途中で予算を変更することも認められており，これを補正予算と呼びます。近年では，景気対策のために頻繁に作成されます。

　予算については，戦前は国会の修正権が限定されていました。今日も政府は，国会の予算修正は内閣の予算提出権を損なわない範囲内で可能である，という立場をとっています。明確性を欠く内容ですが，少なくとも予算項目の大幅な書き換えなどは許されない，ということなのでしょう。確かに法律案とは異なり，予算作成・提案権は内閣にのみ与えられていますが，これは膨大な事務負担を要する予算作成の実務を考慮してのことであり，直ちに国会の権限を限定する理由となるとは思えません。憲法は財政についての国会の権限を強調しており，国会の意思が最終的には貫徹すると考えるべきでしょう。

　現在，国の財政は借金である国債に大きく依存しています。国が債務を負って歳出をまかなうとしても，その債務はいずれ返済しなければなりません。つまり，国債で歳入を確保することは，現在の国民の福祉を後の世代の国民の負担で向上させることを意味しますから，やはりコントロールが必要です。憲法は，この債務負担にも国会の議決を求めています（85条）。憲法上，この国会の議決は必ずしも法律である必要はありません。ただ実際には，国の債務負担についても法律が規定しており，そこでは国債に頼らない財政を原則とした上で，公共事業費など後の世代にも効用が残る事業用の支出に限って国債発行を認めています。したがって，このいわゆる建設国債については，予算に計上すればそれだけで発効が認められます。しかし，現在の日本の財政は，その他の一般的用途の国債，いわゆる赤字国債も大量に発行しなければしのげない状況です。この赤字国債発行は，法律で原則として禁止されているので，予算に計上するだけでは認められません。そこで，特例法を制定して例外的に発効を認めるという手当てがなされています。2020年度には，新型コロナ対策のため，

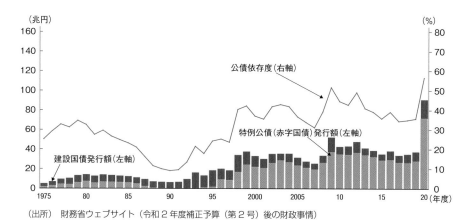

（出所）　財務省ウェブサイト（令和2年度補正予算（第2号）後の財政事情）

図 11-4　**日本の公債発行額の推移**

---

□□□ BOX 34──日本国憲法　第7章　財政

**第88条【皇室財産・皇室の費用】**　すべて皇室財産は，国に属する。すべて皇室の費用は，予算に計上して国会の議決を経なければならない。

**第89条【公の財産の支出又は利用の制限】**　公金その他の公の財産は，宗教上の組織若しくは団体の使用，便益若しくは維持のため，又は公の支配に属しない慈善，教育若しくは博愛の事業に対し，これを支出し，又はその利用に供してはならない。

**第90条【決算検査，会計検査院】**　①　国の収入支出の決算は，すべて毎年会計検査院がこれを検査し，内閣は，次の年度に，その検査報告とともに，これを国会に提出しなければならない。
　②　会計検査院の組織及び権限は，法律でこれを定める。

**第91条【財政状況の報告】**　内閣は，国会及び国民に対し，定期に，少くとも毎年1回，国の財政状況について報告しなければならない。

赤字国債がこれまでにない規模で発行され，財政状況はさらに悪化しています。

　予算が執行されて年度が終わると，決算が作成され，会計検査院の検査を経て内閣が国会に提出します（90条1項。BOX 34）。決算は，国の財政がどのように行われたのかの事後報告ですが，その国会による審査は，予算の適切な執行を担保するために重要な意義を有します。ただ，この決算について国会はどのような対応をすべきなのか，憲法に規定がありません。現在の実務上は，国会によって決算を承認するというような手続はとられておらず，各議院で別々に議決されるだけとなっています。決算には法的効力はないと考えられていますが，このような扱いに対しては，国会としての意思を明確にする手続をとるべきだとの批判もあります。

　憲法89条は，特定の目的や対象への支出を禁止しており，国会の財政処理権限への憲法上の限定となっています。そのうち前段の，宗教団体への支出禁止は，政教分離（20条）を財政面から確保するものであると理解できます。これに対し，後段の「公の支配に属さない慈善，教育若しくは博愛の事業」への支出禁止は，その趣旨が不明確で議論を呼んできました。

　この条文のいう「公の支配」を，事業全体に対する監督権というように強い意味で理解するならば，通常の私立学校への公的助成は許されなくなります。しかし，教育事業が原則として公益に沿うことは明らかであり，私人の事業への公金による援助を禁止する必要がなぜあるのか，説得的説明が困難です。そこで，学説上は，本条後段の趣旨を，教育などの美名に隠れて公金が不適切に無駄遣いされる危険を防止することにあるとし，公金支出のために求められる「公の支配」は，公費が濫用されないよう財政上の監督を行うことで十分果たされるという解釈が有力です。現在の私立学校への公的助成は，この要件を満たしているとされます。

### 11.3.2　条約承認権

　憲法は，条約の締結権を内閣に与えた上で，「事前に，時宜によっては事後に，国会の承認を経ること」を求めています。この条約承認にも，衆議院の絶対的優越が妥当します（61条。BOX 35）。

　条約とは，国家間の文書による合意のことです。この合意は，条約締結国を

　私立の大学・短期大学・高等専門学校への経常的経費にかかる補助金は，2019年度で約3,166億円にのぼります。これは，私学の経常的経費の約1割にあたります（日本私立学校振興・共済事業団のホームページより）。私立学校助成の一層の拡充を求める主張もなされていますが，一方で，補助金が宗教教育を行うための経費にも使えることになっていることの問題性を指摘する声もあります。

## 参考資料■私立学校振興助成法

**第4条**　①　国は，大学又は高等専門学校を設置する学校法人に対し，当該学校における教育又は研究に係る経常的経費について，その2分の1以内を補助することができる。

＊小中高等学校への補助は都道府県が行い，国はその金額の一部を都道府県に補助するという仕組みになっています。

**第12条**　所轄庁は，この法律の規定により助成を受ける学校法人に対して，次の各号に掲げる権限を有する。

　1　助成に関し必要があると認める場合において，当該学校法人からその業務若しくは会計の状況に関し報告を徴し，又は当該職員に当該学校法人の関係者に対し質問させ，若しくはその帳簿，書類その他の物件を検査させること。

　2　当該学校法人が，学則に定めた収容定員を著しく超えて入学又は入園させた場合において，その是正を命ずること。

　3　当該学校法人の予算が助成の目的に照らして不適当であると認める場合において，その予算について必要な変更をすべき旨を勧告すること。

　4　当該学校法人の役員が法令の規定，法令の規定に基づく所轄庁の処分又は寄附行為に違反した場合において，当該役員の解職をすべき旨を勧告すること。

□□□ BOX 35──日本国憲法　第5章　国会

**第61条【条約の承認に関する衆議院の優越】**　条約の締結に必要な国会の承認については，前条第2項の規定を準用する。

（→第60条第2項：161頁参照）

拘束するだけでなく，国内においても法的効力を有し，しかもその効力は憲法98条2項などを根拠に，法律より優位すると考えられています。したがって，条約締結に国会が関与することは，政府の外交に対する民主的コントロール手段として非常に重要です。ただ，国会による承認が必要な「条約」とは，国家間の文書による合意すべてではありません。法律事項を含まない合意文書や，条約に基づいて当事国間で取り決められる細目の決定などは，国会の承認を必要としないと考えられています。

　国会が承認すべき時期についての「事前に，時宜によっては事後に」という規定については，事前承認が原則であり，特に理由がある場合にのみ事後承認も認められるとの意味だと理解されています。事前，つまり条約締結前に国会の承認が求められ，それが否定されたときには，内閣は条約を締結することができません。しかし，事後承認が否定された場合には，相手国との間ではすでに条約は発効しているため，国会承認がないことが条約の効力にどのように影響するかが問題となります。この場合，相手国との関係では有効といわざるを得ないとしても，国内で当該条約を執行することはできないと解されます。

　また，国会は内閣から提出された条約の文面を修正できるかという問題も争われています。実務上は，国会は内閣から提出された内容の条約について承認するか否かの二者択一の権限しかなく，修正権は存在しないという扱いになっています。これに対しては，国会は否決もできる以上，修正権もあるはずだという主張も根強くなされています。ただ，相手国のあることですから，国会の修正がそれだけで条約の内容を変えるということはありえません。国会が条約を修正することは，元の条約については承認を否定したということになり，内閣に国会での議決に沿った再交渉を求める意味をもつと思われます。

## 11.4　議院の権能

### 11.4.1　議院自律権

　憲法は，衆議院と参議院各々に，議院内での独立の規律権を認めています。これを議院自律権と呼びます。まず，55条は，議員の資格に関する争訟は，その者が所属する議院が裁判すると定めています（議員としての地位を剥奪す

　条約締結・批准の流れを，国際的な子の奪取の民事上の側面に関する条約（いわゆる，「ハーグ条約」）を例に見てみましょう。

＊もっとも，手順は条約によって様々で，特に，二国間で締結される条約か，多数国間で締結される条約かによって，大きく変わります。あくまで，一つの例として，参照してください。

---

① 国際的な条約（案）の作成（1976〜1980 年）

　国際結婚の増加とそれに伴う，一方の親による子の連れ去り等の問題についての国際的ルール作りが，日本もそのメンバーであるハーグ国際私法統一会議という国際的な政府間機関で，1976 年から開始され，1980 年に「国際的な子の奪取の民事上の側面に関する条約」が作成されました。

（注）　日本がメンバーであるからといって，ここで成立した条約に自動的に日本が加盟することにはなりません。

---

② 政府における条約批准方針の決定（2011 年）

　先進国を中心として多くの国がこれに加盟する一方で，長く日本は，ハーグ条約に加盟してきませんでしたが，日本人女性による「子の連れ去り」が国際的に問題になることが多くなり，政府においても，条約を批准し加盟国となる方針が固められました。（2011 年 5 月 20 日閣議了解）

---

③ 条約承認（2013 年 5 月）

　2013 年 4 月に衆議院で，同年 5 月に参議院で，条約締結を承認する議決がなされ，国会により条約締結が承認されました。

---

④ 条約批准に向けた，国内法制の整備（2012 年〜2013 年 6 月）

　我が国では，条約が締結された場合にその国内的な実施が滞りなくできるよう，条約批准に先立って（承認手続と並行するかたちで）国内法を整備した上で条約が締結されることが多くあります。

　ハーグ条約の場合も，実施法（国際的な子の奪取の民事上の側面に関する条約の実施に関する法律）が 2013 年 6 月 19 日に公布されました。

---

⑤ 内閣による条約批准

　2014 年 1 月 24 日の閣議で条約締結を決定。同年 4 月 1 日より日本についても同条約が発効しました。

るには，出席議員の3分の2以上の多数による議決が必要。BOX 36）。これ
は，議員の資格についての争いにつき，通常の裁判所の審査権を排除する規定
です。さらに，**58条**は，各議院の役員選任権や内部規律権を定めています。

　このような議院自律権は，議会に対する外部権力の介入を防ぐために認めら
れてきたものです。議会は伝統的に，君主の権限を限定する機関として発展し
てきましたから，それを快く思わない君主や行政官庁側は，議会の運営に対し
しばしば介入を試みてきました。また，かつては，貴族からなる上院と国民から
選挙で選ばれる下院とが議会を構成している国が多く，そこでは，君主に近い上
院からの下院の議事に対する介入も，民意に近い下院の意思を歪める危険をも
つと考えられました。そのような経緯で，議事の進め方や所属議員への懲戒に
ついては各議院が独立の権限を有するという議院自律権が成立してきたのです。

　現在，国会運営に関して国会法という法律が存在します。本法律は，両院関
係だけでなく，各院における議事手続や議員の懲罰に関する規定を含んでおり，
議院自律権との関係で違憲の疑いがあると考えられています。この場合，単純
に法律の方が各議院の規則より優越する，というわけにはいきません。憲法上，
各議院の定める規則しか規律できない事項を法律が定めているのではないか，
ということが問題となっているからです。

### 11.4.2　国政調査権

　憲法**63条**は，各議院が国務大臣に対し出席・答弁を要求できることを定め
ています（BOX 37）。これは，議院内閣制において，国会が内閣の政治責任を
追及するために不可欠の，重要な権限です。さらに憲法**62条**は，両議院が国
政に関して調査を行う権限を有すること，そのために証人の出頭・証言や記録
の提出を要求することができることを定めています。これが国政調査権です。
広く考えれば，国会で日常的に行われている大臣などへの質問も，国政調査の
一環といえます。ただ，通常は，**62条**により強制的に証人の出頭や記録の提
出を求める権限のことを国政調査権と呼びます。これは，各議院の権限であり，
一院の判断で行使することができます。ただ，この国政調査も，実際には委員
会が行っています。

　国政調査権の性格については，独立権能説と補助的権能説とが対立していま

□□□ BOX 36──日本国憲法　第 4 章　国会

第 55 条【資格争訟の裁判】　両議院は，各々その議員の資格に関する争訟を裁判する。但し，議員の議席を失はせるには，出席議員の 3 分の 2 以上の多数による議決を必要とする。

第 58 条【役員の選任，議院規則，懲罰】　①　両議院は，各々その議長その他の役員を選任する。
　②　両議院は，各々その会議その他の手続及び内部の規律に関する規則を定め，又，院内の秩序をみだした議員を懲罰することができる。但し，議員を除名するには，出席議員の 3 分の 2 以上の多数による議決を必要とする。


□□□ BOX 37──日本国憲法　第 4 章　国会

第 62 条【議院の国政調査権】　両議院は，各々国政に関する調査を行ひ，これに関して，証人の出頭及び証言並びに記録の提出を要求することができる。

第 63 条【閣僚の議院出席の権利と義務】　内閣総理大臣その他の国務大臣は，両議院の一に議席を有すると有しないとにかかはらず，何時でも議案について発言するため議院に出席することができる。又，答弁又は説明のため出席を求められたときは，出席しなければならない。

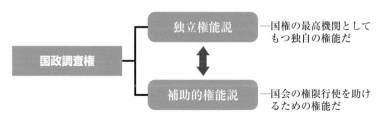

図 11-5　国政調査権の性質についての 2 つの学説

す。独立権能説とは，国政調査権は，国会が国権の最高機関として，他の国政を担う機関に対して有する独自の権能であるとする説です。これに対し補助的権能説とは，国政調査権は，立法権など国会が有する他の権限を行使するために必要な資料を収集するための手段を与える権能である，とするものです。国会の権限を広く認めるためには独立権能説の方が適切であるようにも見えますが，学説の多くは補助的権能説をとっています。それは，国政調査権は国会に強制的な権限を与えるものである以上，特に裁判所の権限や国民の人権との関係で，広く認めるのは望ましくない，との考えによるものです。補助的権能説は，国権の最高機関性についての政治的美称説とも整合的です。

補助的権能説からしても，国会は内閣の責任を問うことができる以上，内閣及びその指揮下にある行政機構の活動については広く調査を及ぼすことができます。これに対し，裁判所の活動については，国会に個別の裁判を監督する権限があるわけではなく，また裁判の独立を保護するためにも，個別の事件の審理や判決の妥当性についての調査は許されないと考えられています。ただ，裁判所に関しても，その組織のあり方など国会の権限に属する（**76条1項**，**79条1項**）事項はあり，その権限の適切な行使のために調査が行われることはありえます。また，国民の人権との関係では，証言義務が証人に不利益供述を強いることは許されず（**38条1項**），法律がその旨を規定しています。

## 11.5　議員の特権

### 11.5.1　歳費受領権

憲法は，国会議員の地位についていくつかの定めを置いています。上で議院自律権について述べたのと同様に，歴史的には，各議員の活動も君主など他の権力主体から脅かされることがしばしばありました。この危険に対処するために，憲法上，議員にいくつかの特権を与えてその活動の自由を確保することが一般的となりました。

まず，**49条**は，国会議員が法律の定める歳費を受けとると定めています（**BOX 38**）。歳費とは，議員としての活動に対する報酬のことです。議員がその活動に対して報酬を受けとるのは，現在では当然のように見えますが，ヨー

## コラム 11-5●国政調査の一例「証人喚問」

　「国政調査」の具体例の中でも，最もよく知られたものとして，「証人喚問」があります。

　これは，憲法 62 条を具体化した議院証言法に基づいて，証人として国会に招致した上で，宣誓をさせた上で，証言等を求めるものです。

　証人は，宣誓を受けた上での証言等を行うことになりますので，虚偽の証言をした場合には，罰則もあります（議院証言法 6 条）。もっとも，自己や親族等が刑事訴追を受け，また有罪判決を受けるおそれのある場合や，（現在もしくは過去に）一定の職業に就いた者が，その業務上知り得た他人の秘密については，宣誓，そして証言を拒否することが認められます。

　また，「証人喚問」の公開については，人権上の問題があるなどとして，尋問中のテレビ中継などが禁止されていた時期もありましたが，1998 年の法改正によって，解禁されました（もっとも，許可は必要です。議院証言法 5 条の 7 参照）。

　「証人喚問」を巡っては，事実解明等の成果が十分見られず，政治ショーに過ぎないなどとの批判もあります。

## 参考資料■議院証言法の条文

**第 1 条**　各議院から，議案その他の審査又は国政に関する調査のため，証人として出頭及び証言又は書類の提出（提示を含めるものとする。以下同じ。）を求められたときは，この法律に別段の定めのある場合を除いて，何人でも，これに応じなければならない。

**第 2 条**　各議院若しくは委員会又は両議院の合同審査会が証人に証言を求めるとき（派遣議員等を派遣して証言を求めるときを含む。）は，この法律に別段の定めのある場合を除いて，その前に宣誓をさせなければならない。

**第 5 条の 7**　①　委員会又は両議院の合同審査会における証人の宣誓及び証言中の撮影及び録音については，委員長又は両議院の合同審査会の会長が，証人の意見を聴いた上で，委員会又は両議院の合同審査会に諮り，これを許可する。

**第 6 条**　①　この法律により宣誓した証人が虚偽の陳述をしたときは，3 月以上 10 年以下の懲役に処する。

□□□ BOX 38──日本国憲法　第 4 章　国会

**第 49 条【議員の歳費】**　両議院の議員は，法律の定めるところにより，国庫から相当額の歳費（さいひ）を受ける。

ロッパでは議会制が広まってからも長らく議員は無報酬の名誉職という扱いでした。議員にふさわしいのは，国からの収入に頼らず自活できる裕福な人々だという考えが強かったからです。議員としての活動に報酬が支払われなければ，貧しい人々は事実上議員となれません。選挙権が拡大され国民の政治参加が広まると，このことが大きな問題と意識されるようになり，19世紀後半からは，次第に議員に報酬を保障することが一般的となりました。

　日本国憲法は，どのような金銭的境遇の国会議員も生活の不安なく議員活動に専念することを可能にするため，歳費支給を保障しているのです。

　ちなみに，国務大臣など，国会議員と他の公務員の職務を兼ねている者は，議員歳費の方を受け取りますが，その公務員の給料額の方が歳費よりも高い場合には，その差額も受けとることができるとされています（歳費法7条）。

### 11.5.2　不逮捕特権

　50条は，国会議員は法律の定める場合を除いては会期中逮捕されないと定めます。また，会期前に逮捕された議員も，所属議院の要求があれば会期中は釈放しなければなりません。これを国会議員の不逮捕特権と呼びます。政府に反対する議員を不当に逮捕するというような事態を防ぐために，国会議員に認められている特権です。

　本条を受けて，国会法33条は，現行犯罪の場合と所属議院の許諾があった場合に，会期中でも国会議員が逮捕されうると定めています。逮捕許諾は単純過半数で議決されますから，現状では，この特権は少数派議員の保護という機能を十分果たせているとはいえません。ただ，捜査当局は国会への逮捕許諾請求によって捜査情報が外部に知られることを嫌がるともいわれており，不逮捕特権に意味がないわけではありません。

### 11.5.3　免責特権

　51条は，国会議員は議院で行った演説，討論，表決について院外で責任を問われない，と定めています（BOX 39）。これが，国会議員の免責特権です。これも，国会議員の活動を他の権力による介入から守るために発展してきた特権です。

　国会法 35 条は，国会議員の歳費について，「一般職の国家公務員の最高の給与額（地域手当等の手当を除く。）より少なくない」額にすべきと定めています。同条は，国会議員の報酬が一般職の公務員よりも少なくては，憲法 49 条の求める「相当額」とはいえないと考えているようです。国会議員の地位を高くみなそうとする姿勢がうかがえます。ただ，実際の歳費額は，別の「国会議員の歳費，旅費及び手当等に関する法律（歳費法）」で定められており，それによれば一般議員の歳費月額は 129 万 4 千円です（1 条）。

　国会議員は，その他にも，月額 100 万円の文書通信交通滞在費を受けます（歳費法 9 条）。この手当は，国会議員としての職務に使う費用として，非課税とされています。さらに，無料で JR の列車に乗れる特殊乗車券も支給されます（同法 10 条）。国会議員の皆さんには，これらの歳費や手当に「相当」する働きを期待したいところです。

□□□ BOX 39──日本国憲法　第 4 章　国会

**第 50 条【議員の不逮捕特権】**　　両議院の議員は，法律の定める場合を除いては，国会の会期中逮捕されず，会期前に逮捕された議員は，その議院の要求があれば，会期中これを釈放しなければならない。

**第 51 条【議員の発言・表決についての免責】**　　両議院の議員は，議院で行つた演説，討論又は表決（ひょうけつ）について，院外で責任を問（と）はれない。

　日本国憲法下で逮捕許諾がなされたのは，16 件です。半数以上が，1948 年と 1954 年に集中しており，1967 年から 1994 年にかけて，26 年以上も許諾例がありませんでした。最も新しい許諾例は，2003 年 3 月のある衆議院議員の政治資金規正法違反をめぐるものです。

免責は「議院で行った」演説などに及びますが，これは，議院としての活動の中で行われるものすべてを含む趣旨です。つまり，委員会や地方公聴会などでの発言も含みます。免責される行為も，議員としての適法な活動すべてに及ぶと考えられています。ただし，かつては乱闘国会などといわれ，国会内で暴力行為がなされることがありましたが，このような暴力行為は免責されません。「院外で責任を問われない」とは，民事・刑事双方の法的責任を問われないという意味です。国会での発言について，議員が政治的責任を追及されることがあるのは当然ですが，刑罰や損害賠償請求といった法的責任追及は排除されるのです。なお，院内での責任追及は排除されていませんから，議員の発言に対し，議院自律権が発動されて当該議員に懲罰が与えられることはありえます（58条2項）。

　この免責特権は，他の国家機関から国会議員の活動が妨害されないために認められているものですが，国会議員の発言によって一般国民の名誉やプライバシーが害されることもあります。このような場合にも当該議員に完全な免責を認めるべきかどうかについては，議論のあるところです。国民の権利救済を重視する立場からは，少なくとも民事責任については，議員の免責範囲も限定されることがあるという説が主張されています。ただし，一般国民に対する民事責任も最終的には裁判所の判断によって確定するのであり，議員の活動を司法権の介入からも守ることが免責特権の意味内容に含まれることを考慮すれば，この場合にも完全免責を認めるべきだという説が説得力をもつでしょう。

第12章

# 内　閣
## ──統治機構Ⅱ──

【本章で解説する部分】

## 12.1 議院内閣制

### 12.1.1 議院内閣制と大統領制

　日本国憲法は，行政権を，国会に対して責任を負う内閣に与える，議院内閣制を採用しています。同じ議院内閣制をとる代表的な国はイギリスです。これに対し，大統領制をとる代表的な国がアメリカ合衆国です。大統領制においては，行政権は，国民から議会とは独立に選ばれ，議会に対して責任を負わない大統領に与えられます。

　内閣は，イギリスにおいて，国王の臣下である大臣たちが，国王とは独立した集団を形成するようになったことに由来します。議会は，この内閣の政治責任を追及することで国政に対する影響力を高めようとしました。国王権力の形式化とともに，19 世紀には，内閣の存立が議会の信任に依存するようになりました。イギリスでは，さらに議会の一院である貴族院も実質的権力をほとんど失い，内閣の存立は国民から選挙で選ばれる庶民院に完全に依存することになりました。まさに「議院内閣制」の成立です。日本では，内閣は国会に対して責任を負っていますが，その命運を決する最終的権限はやはり衆議院にのみ与えられています。

　議院内閣制と大統領制とには，制度として一長一短があります。議院内閣制においては，議会は常に内閣を不信任して総辞職に追い込む権限をもちますから，恒常的に強い行政監督を行うことが可能です。ただし，実際には，むしろ内閣存立の基盤として硬い議会内多数派の存在が要請されることになり，その多数派（与党）と内閣及びその下の行政機関とが癒着してしまうという傾向があります。大統領制では，大統領と議会とがともに国民から選ばれた機関として対峙するため，両者の間で意見が食い違い，強い緊張状態に発展することがよくあります。特にアメリカの大統領制では，大統領の地位が議会に依存しておらず，また大統領に議会の解散権もないため，この対立を解消する手段は法的には存在しません。ただし，議会による行政権に対する監視は，むしろ議院内閣制国よりも厳しく行われているといえます。

　また，大統領に独自の任期が保障されているのとは異なり，内閣はいつでも不信任される危険がありますから，政権が不安定に交代する危険があります。

**イギリス**（議院内閣制［立憲君主制］）

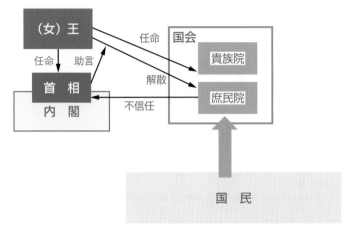

(注) 閣僚は全員議員でなければならず，特に主要な大臣は庶民院議員である必要があります。

庶民院（The House of Commons）　　貴族院（The House of Lords）
　　小選挙区制　　　　　　　　　　　　世襲貴族（92），一代貴族，聖職貴族（26）から構
　　　　　　　　　　　　　　　　　　　成される。かつては大多数が世襲貴族であったが，
　　　　　　　　　　　　　　　　　　　1999年の法改正で一代貴族（社会的功績のあった
　　　　　　　　　　　　　　　　　　　者が一代限り貴族とされる）中心に改められた。

### 図12-1　各国の統治制度（1）

　イギリスには成文憲法がなく，統治機構の仕組みの多くが慣習法によって定められているのが，大きな特徴です。

　国王は，形式的には今日でも統治権を有していますが，その権限は内閣の助言に従って行使されます。また，国王は形式的には立法への拒否権も有しますが，今日ではこの権限が行使されることはありません。

　この結果，立法権は国会のみによって行使されます。しかも，20世紀初頭の改革以降，国民から選挙される議員で構成される庶民院の優越が確立し，立法に関して貴族院は一定期間法律の成立を遅らせる権限しかありません。

　内閣の存立も庶民院の信任に依存します。とはいえ，日本などのように議会における首相指名がなされるわけではなく，選挙結果が判明すると過半数の議席を有する政党の党首が直ちに国王から首相に任命されるのが通例です。ただし，2010年の選挙ではどの政党も単独で過半数の議席を獲得することができず，連立交渉を待って，首相任命が数日遅れました。

　内閣は，いつでも国王に対して庶民院解散の助言を行うことができるとされてきました。ただし，2011年に，庶民院の任期を5年に固定し，内閣不信任決議が成立した場合と庶民院で選挙前倒しに3分の2以上の賛成があった場合にのみ例外を認めるという法律が成立し，この自由な解散権は過去のものとなりました。

## アメリカ（大統領制）

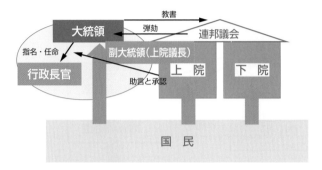

上院（The United States Senate）
各州2名ずつ選出（2名は任期をずらして選出されるので，実際の選挙は州単位の小選挙区
　として行われる。）
　　副大統領が議長を兼ねる（賛否同数の場合を除いて投票権なし）。
　　条約締結，大使・最高裁判所裁判官などの公職任命についての助言と承認。
　　大統領などの違法行為に対する弾劾の裁判権（免職するには3分の2以上の同意が必要）。
下院（The United States House of Representatives）
小選挙区制（選挙区は人口比例で設定）
　　弾劾の訴追権


## ドイツ（議院内閣制［共和制］）

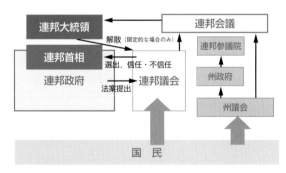

連邦議会（Deutscher Bundestag）
小選挙区比例代表併用制，政党ごとの議席配分は比例代表制による。首相の選出，信任・
　不信任は連邦議会のみ。
連邦参議院（Bundesrat）
各州（Land）政府の代表者から構成される。
　各州は，人口規模に応じて3〜6票の議決権（全体で69）を有し，それを一括行使する。
　一定の事項について立法する場合には，連邦参議院の同意が必要となるが，通常の場合
　は，異議を出すことができるにとどまる。

## フランス（半大統領制）

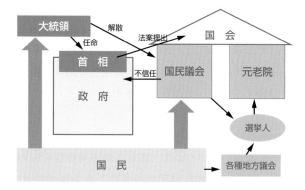

国民議会（Assemblée nationale）
**小選挙区制（二回投票制）　任期5年　政府の信任・不信任は国民議会のみ。立法権については、できるだけ両院の一致が求められるも、最終的には元老院に対して国民議会の議決が貫徹する。**
元老院（Sénat）
**間接選挙制（国民議会議員や地方議会議員等から構成される県単位の選挙人団による。）任期6年（3年ごとに半数改選）**

### 図12-2　各国の統治制度（2）

　アメリカの統治機構の特徴は、大統領、上院議員、下院議員の3者がそれぞれ独自の選挙で国民から選ばれることです（大統領は、形式的には間接選挙ですが、実質的には、国民が大統領選挙人を選ぶ第一回の選挙で、自分を支持する選挙人を過半数獲得した候補者が選出されたことになります）。したがって、この3者はそれぞれ独自の民主性を主張でき、特に大統領が議会に責任を負うわけではありません。また、大統領も議会の解散権を有しません。

　立法権については、上下両院は対等の権限を有します。さらに、大統領が拒否権を有しています。この拒否権は、イギリス国王のそれとは異なり、実際にも政治的理由に基づいて頻繁に行使されています。

　ドイツの統治機構は議院内閣制を採用しており、大統領は象徴的存在です。

　連邦議会は、次期首相を定めてからでないと首相を不信認できないという「建設的不信任」の制度がとられ、政治の不安定ができるだけ生じないよう配慮されています。逆に、議会解散権も、首相からの信任決議案を議会が否決した場合などに限定されています。

　フランスの現行第5共和政憲法体制の特徴は、直接公選の大統領の存在です。ただし、アメリカとは異なり、大統領と議会双方に責任を負いつつ両者を媒介する組織として、首相の率いる政府も存続しました。その結果、行政権内に大統領と首相という2人のリーダーが存在することになりました。このような体制を「半大統領制」と呼びます。

　大統領と首相の実際の政治的権力は、その時々の政治的状況によって変わってきます。大統領と議会多数党が同じ党派であるときには、大統領が実権を握りますが、大統領に反対する党が議会で多数を占めると、議会に責任を負う政府はその党派で構成されることになり、大統領の政治的影響力は大きく損なわれます。ただ、憲法改正で大統領任期を当初の7年から国民議会議員と同じ5年に短縮し、さらに大統領選挙と国民議会選挙の日程を近づけることによって、できるだけこのような食い違いが発生しないよう配慮しています。

しかし，実際には，政権の安定度は，内閣に議院の解散権があるかどうかや，政党状況によって左右されるところが大きいです。内閣不信任への対抗手段として議院が解散され，議員の職を失うという危険があれば，容易に内閣不信任を可決することはできません。また，選挙で過半数を獲得した政党のリーダーが内閣を構成している場合，その基盤は通常安定しており，むしろ大統領よりも強い政治力を発揮することが可能となります。

### 12.1.2　憲法が定める議院内閣制

　憲法は，内閣の行政権行使について，国会への連帯責任を定めています（66条3項。BOX 40）。これは，議院内閣制の基礎となる条文です。この条文の「行政権」とは，後で説明する65条の「行政権」とは異なり，内閣の権限行使すべてを意味すると考えられています。国会は，内閣のあらゆる行為について，質疑の中で批判するなどして責任を追及することができます。ただし，この場合の責任とは政治責任の意味であり，他の法的根拠がなければ，法的帰結を伴うわけではありません。

　この責任を確保するための法的仕組みとして，憲法は内閣の存立を国会，特に衆議院に依存させる制度を構築しています。まず，内閣総理大臣は国会が指名します。この際，衆議院の議決が最終的に貫徹することになっており，両院の意見対立で総理大臣が決まらないという事態の到来が防止されています（67条）。他の国務大臣は，総理大臣が任命します。総理大臣は，国務大臣を任意に罷免することもできます（68条）。そして，衆議院が内閣不信任を可決した場合には，衆議院が解散されない限り，内閣は総辞職しなければなりません（69条）。解散の後には衆議院議員総選挙が行われ，新たな議員が選ばれます（54条1項）。この選挙で，不信任された内閣を支持する政党が過半数を獲得することもありうるでしょう。しかし，憲法上，内閣は，衆議院議員総選挙の後初めて国会の召集があったときには必ず総辞職しなければならないと定められています（70条）。内閣は，その時々の衆議院の意思に従い新たに構築するというのが，憲法の立場だといえます。結局，衆議院による内閣不信任は，衆議院総選挙をはさむか否かの違いはあれ，内閣に総辞職を強制することになります。

第66条【内閣の組織，国会に対する連帯責任】　①　内閣は，法律の定めるところにより，その首長たる内閣総理大臣及びその他の国務大臣でこれを組織する。

②　内閣総理大臣その他の国務大臣は，文民でなければならない。

③　内閣は，行政権の行使について，国会に対し連帯して責任を負ふ。

第67条【内閣総理大臣の指名，衆議院の優越】　①　内閣総理大臣は，国会議員の中から国会の議決で，これを指名する。この指名は，他のすべての案件に先だつて，これを行ふ。

②　衆議院と参議院とが異なつた指名の議決をした場合に，法律の定めるところにより，両議院の協議会を開いても意見が一致しないとき，又は衆議院が指名の議決をした後，国会休会中の期間を除いて10日以内に，参議院が，指名の議決をしないときは，衆議院の議決を国会の議決とする。

第68条【国務大臣の任命及び罷免】　①　内閣総理大臣は，国務大臣を任命する。但し，その過半数は，国会議員の中から選ばなければならない。

②　内閣総理大臣は，任意に国務大臣を罷免することができる。

第69条【内閣不信任決議の効果】　内閣は，衆議院で不信任の決議案を可決し，又は信任の決議案を否決したときは，10日以内に衆議院が解散されない限り，総辞職をしなければならない。

第70条【内閣の総辞職が必要な場合】　内閣総理大臣が欠けたとき，又は衆議院議員総選挙の後に初めて国会の召集があつたときは，内閣は，総辞職をしなければならない。

第71条【総辞職後の内閣】　前2条の場合には，内閣は，あらたに内閣総理大臣が任命されるまで引き続きその職務を行ふ。

このような不信任に対する対抗手段として衆議院解散を行うことができるのは，69条の文言からも明らかです。しかし，その他の場合にも内閣は衆議院を解散できるのかについて，憲法中に明文はなく，かつては論争が行われました。この論争は，7条解釈とも関係するので，天皇についての章（2.4）ですでに説明したところです。ここでは，議院内閣制理解との関係で，この解散権についての解釈論に触れておくことにします。イギリスでは長らく，内閣は自由な庶民院解散権を有しており，これは庶民院による内閣不信任権とのバランス上，内閣の地位を安定させるために重要な権限であると解されてきました（ただし，近年重要な改革がなされました。図12-1の説明参照）。このようなイギリスの制度が望ましいという考えからは，日本でも，内閣がいつでも衆議院を解散できるという解釈をとるべきだということになります。7条が定める内閣の助言と承認に内閣の実質的権限を読み込む7条説の背景には，このような議院内閣制理解がありました。

　これに対しては，衆議院の全議員の職を失わせる解散を，明文の規定なく内閣に認めることは，国会に対して内閣の地位を高めすぎるという趣旨の批判がなされました。しかし現在では，内閣が自由な解散権を有するとする実務が定着しています。その背景には，国政上の重要な問題が新たに浮上し，民意を問う必要があると内閣が判断した場合には，それを認める方が民主主義の観点からは望ましいという理解があります。また，内閣に自由な解散権を認める方が，衆議院が解散を恐れ常に民意に敏感に対応することになるともいわれます。このような立場からは，必ずしも7条説をとらなくとも，議院内閣制の民主的運営のための必要性を根拠にして内閣の解散権を導けるとする説（制度説）も提唱されています。むろんこの制度説に対しては，議院内閣制といっても様々な仕組みがあり，そこから解散権の有無について帰結を導くことはできないという批判もあります。

　一方，現状ではときの政権与党が自己に有利なときに解散総選挙を行えるから，党利党略で総選挙の時期が決められているとして，内閣の解散権を制約すべきだとする見解もあります。

## コラム 12-1●選挙による政権決定の光と影

　議院内閣制においては，内閣は議会の信任を必要とし，議会に責任を負います。大統領選挙はあっても「総理大臣選挙」はないというのが，大統領制と議院内閣制の最も顕著な相違だといえるでしょう。

　しかし，二大政党制が定着してからのイギリスでは，庶民院選挙が事実上首相を選ぶ選挙として機能してきました。保守党と労働党（かつては自由党），どちらか選挙で議席の過半数をとった方の党首が首相になることを前提にして，どちらが首相にふさわしいかということが選挙の主要な争点とみなされるようになります。党首どうしの争いに全国規模の注目が集まり，各選挙区の候補者はその代理人として戦っているような様相を呈します。そして，選挙で勝って就任した首相には，庶民院の任期一杯務めることが期待され，通常は任期末期になるまで解散も行われません。つまり，実際には大統領制とかなり近い運用となっているのです。

　このような，選挙によって事実上首相を選ぶという議院内閣制の運用は，日本においても目指すべき理想として語られることが多くあります。国民とは離れた「政界」の事情で首相がころころ入れ替わるよりも，選挙という国民の判定により首相が確定し，その者が議員の任期一杯首相を務めるという方が民主的だという感覚には，確かにもっともなところがあります。衆議院の選挙制度がかつての中選挙区制から小選挙区中心のものへと改革されたのも，まさに選挙の政権選択機能を強化するためでした。

　しかし，日本では，選挙制度改革後も，なかなかイギリスのような議院内閣制運用には至っていません。日本には比較的強い権限をもつ参議院がありますし，また選挙が政権選択機能をうまく果たせるか否かは，政党の枠組みという，法的規律の及ばない事情に左右されます。

　イギリスのような議院内閣制運用が無条件に望ましいのかどうかも，疑問といえば疑問です。大統領制では大統領と議会は制度上独立して対峙していますが，議院内閣制において議会が内閣を選ぶ中間段階になってしまうと，行政権への抑制機能が非常に弱まる危険があります。ただでさえ行政国家化が進む今日では，議院内閣制において議会と内閣に本来存在すべき緊張関係を改めて評価することも大切でしょう。

## 12.2 行政権

　65条は，行政権は内閣に属すると定めています。行政権は内閣の主要な権限ですが，ここでいう行政権とはどのような権限のことなのでしょうか。行政機構は，国会と裁判所を除く，国の機関の大多数を占めています。それが行っている職務も，単なる法律の執行から，73条の列挙事由が定める外交などの政治的活動まで，千差万別です。そのため，従来，行政権とは，国の権限から立法権と司法権を除いた残余の権限のことであるという理解（控除説）が通説とされてきました。この理解は，全権力を握っていた君主から，立法権が議会に，司法権が裁判所に与えられ，君主に残った権限が行政権と呼ばれるようになったという歴史的経緯にも合致しているとされます。

　しかし，日本国憲法下で行政権を有しているのは内閣であって君主ではありません。したがって，このような権力分立の歴史的経緯は，内閣の有する権限としての行政権の説明として，適当であるとはいえません。控除説が今日まで維持されてきたのは，現実の行政機構が行っている多種多様な職務を包括的に説明できる説が他に見つからないという事情によるところが大きいといえるでしょう。ただ，このような説明には，現実の行政のあり方を無批判的に肯定してしまう危険が伴います。日本では，法律の根拠の不明確な行政指導など，行政官庁による不透明な権限行使が行われていると批判されてきました（たとえば，2020年（令和2年）の新型コロナウイルス感染症の流行に際しては，法的根拠のない「自粛要請」がしばしばなされました。国民生活に大きな影響を与えるこのような措置が，行政の独断でなされてよかったのでしょうか）。また，多くの補助金支出も，権利制約をともなわないということで，法律の根拠なく，予算措置だけでなされています（同じく2020年に始まった「Go Toキャンペーン」のような大規模な公金支出も，法律に基づくものではありません）。しかし，重大な経済政策の内容が国会の関与なく決定されていいのでしょうか。

　このような問題意識から，憲法が定める「行政権」をより限定的な権限だと理解すべきだという説が有力に唱えられるに至っています。具体的には，行政権とは法律の執行権のことであり，行政権は常に法律に基づいて発動されなければならない，とする法律執行説です。

□□□ BOX 41──日本国憲法　第5章　内閣

**第65条【行政権】**　　行政権は，内閣に属する。

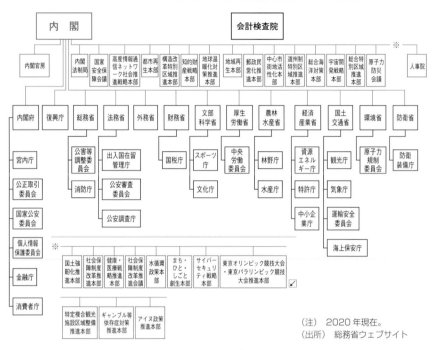

図 12-3　**行政機構図**

(注)　2020年現在。
(出所)　総務省ウェブサイト

---

**参考資料■行政組織に関する法律①**

【内閣法】
**第4条**　①　内閣がその職権を行うのは，閣議によるものとする。
　②　閣議は，内閣総理大臣がこれを主宰する。この場合において，内閣総理大臣は，内閣の重要政策に関する基本的な方針その他の案件を発議することができる。
　③　各大臣は，案件の如何を問わず，内閣総理大臣に提出して，閣議を求めることができる。
**第6条**　内閣総理大臣は，閣議にかけて決定した方針に基いて，行政各部を指揮監督する。
【内閣府設置法】
**第2条**　内閣に，内閣府を置く。
**第3条**　①　内閣府は，内閣の重要政策に関する内閣の事務を助けることを任務とする。

控除説に対しては，また別の観点からの批判も強まっています。65条は内閣の権限について定めているところ，控除説では内閣の有する政治的指導力を表すことができない，というものです。内閣は国会に対して政治責任を負いますが，政治責任を負うというからには，内閣が独自の政治的判断権を有していることがその前提となっているはずです。実際の政治においても，国の政策は内閣から発案されることがほとんどであり，国会での論戦は，まさにその内閣の政策の是非をめぐって行われます。控除説は，このような，内閣が果たすべき政治的指導力を軽視しているとされます。そこで，内閣の政治的判断権とそれに伴う責任を憲法解釈で重視しようとする立場からは，65条の行政権を，国の政策を積極的に形成する政治的権限として理解しようとする説（執政権説）が唱えられています。

　法律執行説に対しては，内閣の権限を限定しすぎではないかという批判があり，また執政権説に対しては，憲法が内閣に与える権限としては内容が漠然としすぎているのではないかという批判がなされています。このように，65条の解釈をめぐっては，現在議論が盛んに行われています。なお，法律執行説に対して，実際に法律を執行しているのは内閣ではなく，その下に設置されている行政官庁だという指摘がなされることもあります。しかし，対外的行為の主体が内閣自身でないとしても，法律執行が行政機構のトップに位置する内閣の意思に常に従わなければならないということを明確にしておくことには，重要な意味があります。

## 12.3　内閣の組織と運営

### 12.3.1　内閣総理大臣と国務大臣

　内閣は，一人の内閣総理大臣とその他の複数の国務大臣から構成されます。憲法は，内閣総理大臣を内閣の「首長」であると定めており（66条1項），首相と呼ばれることもあります。他の国務大臣は，通常，憲法上「行政各部」（72条）と表記されている行政省庁の長とされ，その組織の名をとって財務大臣，外務大臣などと呼ばれます。内閣総理大臣は，国会議員の中から選ばれなければなりません。国務大臣については，その過半数が国会議員から選ばれなけれ

【国家行政組織法】

**第3条** ②　行政組織のため置かれる国の行政機関は，省，委員会及び庁とし，その設置及び廃止は，別に法律の定めるところによる。

　③　省は，内閣の統轄の下に…行政事務をつかさどる機関として置かれるものとし，委員会及び庁は，省に，その外局として置かれるものとする。

**第5条** ①　各省の長は，それぞれ各省大臣とし，内閣法（…）にいう主任の大臣として，それぞれ行政事務を分担管理する。

## クローズアップ 12-1● 政治主導の強化

　行政機構といって皆さんに思い浮かぶのは，内閣というよりも財務省や国土交通省といった官庁かもしれません。実際，国の日常的な行政事務を行っているのはこれらの中央省庁であり，それぞれが国務大臣を長とする大きな組織を形成しています。その中では，一般に官僚と呼ばれる多くの国家公務員が働いています。

　これら省庁は，憲法中では72条で，内閣総理大臣によって指揮監督される対象の「行政各部」としてのみ登場します。つまり，省庁の官僚組織は，憲法上は内閣に従属し，その意思に従って行動すべきものとされているだけです。ところが日本では，実際にはこの官僚組織が政策形成に大きな影響力を有しているとの指摘がなされてきました。各大臣は，内閣の方針を省内で実現するために官僚を使うべきなのに，実際には内閣の一員というより省のトップという意識が強く，自分の省の官僚の主張を実現するために動いていることが多いというのです。

　これに対し，国民から選ばれているわけではない官僚には政策形成をリードする民主的正当性は存在しないはずだとして，特に1990年代以降，このような「官僚主導」を是正して，行政権内部で内閣のリーダーシップを強化し，「政治主導」を実現する必要があるという声が高まりました。

　行政機構改革により，内閣の事務を助けるための組織として内閣府が置かれ，また各省には長としての大臣の他に，政治家から副大臣や大臣政務官が置かれることになりました（これらの役職をあわせて「政務三役」と呼びます）。こうして，内閣の政策形成機能や，その各省内での実行をサポートする体制が強化されました。ただ，2009年（平成21年）に発足した民主党政権は，この政治主導をより強めることを謳っていましたが，その試みは概して実現には至りませんでした。

　この間，むしろ官僚たたきが行き過ぎていたきらいもあります。実際には，内閣の政治的判断も，官僚機構による準備がなければうまく機能するわけではありません。必要なのは，政治家が主導権を握った上で官僚機構とうまく連携していくことだといえるでしょう。

ばならないとされています。

　「首長」としての総理大臣の地位を，他の大臣との関係や，合議体としての内閣そのものとの関係でどの程度強いものとして理解すべきかは，議論の対象となってきました。憲法は，国務大臣の任命・罷免権を総理大臣に与え，また総理大臣が欠けたときには内閣総辞職を義務づけるなど，総理大臣を明確に内閣の中心的存在として位置づけています。実際にも，多くの場合，内閣の方針には総理大臣の考えが決定的な影響を与えます。しかし，他方で行政権はあくまでも「内閣」に与えられており，内閣総理大臣の一存でその権限を行使することはできないはずです。しかも慣行上，全大臣の合議の場である閣議においては，内閣としての意思を定める議決には，全員一致が求められてきました。

　総理大臣の個人的リーダーシップと他の大臣や内閣の権限との関係は，その時々の政治状況によって決まってくるところが大きく，あえて法的権限分配について詰めた議論をする必要は強くありません。とはいえ，閣議での内閣の方針決定を待たずに，総理大臣が他の大臣に特定の行為を命じることができるかどうかは，一応憲法解釈上の問題となります。72条は，内閣総理大臣の行政各部指揮監督権を定めていますが，これも「内閣を代表して」行われるものです。総理大臣が内閣を代表するためには，常に内閣での明示的な方針決定に従うことが必要だと考えれば，総理大臣が独断で他の大臣の行政事務に関して指揮監督することは許されなくなります。しかし，このような考え方は，総理大臣の政治的リーダーシップをあまりにも限定するもののようにも感じられます。

　最高裁は，総理大臣の職務権限が問題になったロッキード事件についての判決で，総理大臣の法的指揮監督権行使には事前に閣議での決定が必要だが，総理大臣は閣議で決定された方針が存在しなくても，随時「指導，助言等の指示を与える権限を有するものと解するのが相当」だと述べています（最大判平成7・2・22刑集49巻2号1頁）。法的権限を限定しつつ，事実上の政治的指導力を肯定しようとする，たくみな解釈だといえるでしょう。

　なお，75条は，国務大臣は，総理大臣の同意がなければ訴追されないと定めます。総理大臣自身についてはどうなのか，明確な規定がないのですが，総理自身の同意がなければ訴追されないという理解が一般的です。

**第 72 条【内閣総理大臣の権限】**　　内閣総理大臣は，内閣を代表して議案を国会に提出し，一般国務及び外交関係について国会に報告し，並びに行政各部を指揮監督する。

**第 74 条【法律・政令の署名】**　　法律及び政令には，すべて主任の国務大臣が署名し，内閣総理大臣が連署することを必要とする。

**第 75 条【国務大臣の訴追】**　　国務大臣は，その在任中，内閣総理大臣の同意がなければ，訴追されない。但し，これがため，訴追の権利は，害されない。

## コラム 12-2● ロッキード事件

　ロッキード事件は，内閣総理大臣経験者の田中角栄氏が逮捕・起訴されたという，戦後日本最大といえる贈収賄事件です。被疑事実は，ある商社の社長が当時の首相であった田中氏に，日本のある航空会社がロッキード社の製造する飛行機を購入するよう働きかけることを依頼したところ，田中氏がこれを承諾して，運輸大臣（当時）に対しこの旨の行政指導をするよう働きかけ，田中氏はその報酬として 5 億円を受けとったというものでした。第一審・控訴審とも田中氏ら被告人を有罪とし，最高裁に上告されましたが，その判決前に田中氏が死亡したため，田中氏の刑事責任は未確定のままに終わりました。ただ，最高裁判決（最大判平成 7・2・22 刑集 49 巻 2 号 1 頁）は，贈賄側の罪の成立を認めるために，理由中で実質的には田中氏の有罪を認める判示をなしています。

　裁判では，はたしてこのような事実が存在したのかどうかも激しく争われましたが，憲法との関係では，特に内閣総理大臣の職務権限が問題となりました。なぜなら，収賄罪には，その要件として「職務に関して」賄賂を収受することが求められているため（刑法 197 条 1 項），もし田中氏が依頼された行為が内閣総理大臣としての職務に関するものといえなければ，この罪は成立しないことになるからです。本文で述べた通り，最高裁は，首相は閣議の決定を経なくても行政各部に指示を与える権限を有するとして，首相の職務権限を広く認める立場を示しました。

　現実政治においても，首相からの「指示」は多くなされているようです。法的効果を有するためには閣議決定を経る必要があるとしても，首相が内閣の「首長」として政治的指導力を発揮することは，認められてしかるべきでしょう。

### 12.3.2　文民条項

66条2項は，内閣を構成するすべての大臣は「文民」でなければならないと定めています。この条文は，憲法案審議の途中で連合国側から求められて挿入されたもので，その趣旨が明確でないため，論争を呼んできました。

文民とは civilian の訳語ですが，この原語は軍人でない者を意味します。軍組織も行政権の担い手としての内閣に従う必要がありますが，文民条項は，その内閣の構成員から軍人を排除することで，軍に対する民主的コントロールを強化しようとするものです。ただし，この条項は当然ながら，軍が存在するときにのみ意味をもちます。憲法は9条2項で戦力不保持を定めているのですが，連合国は，芦田修正によって再軍備の可能性が出てきたと理解し，日本側にこの条項の挿入を求めてきました。しかし，審議段階では日本側は，9条からして日本が今後軍をもたない以上，このような条文には意味がないと考え，意図を図りかねていたようです。憲法施行後，この条項に意味をもたせるために，敗戦以前において職業軍人の経歴を有しない者という解釈が提唱されましたが，これでは大臣から排除される人が多すぎるという批判がありました。そこで，職業軍人の経歴を有していても，強い軍国主義思想をもっていなければ文民といえるという解釈もなされました。

いずれにせよ，今日では旧軍との関係を論じる必要はなくなり，自衛隊との関係が問題となります。自衛隊の合憲性についての見解の相違にかかわらず，現に国防のために存在する実力組織である自衛隊の隊員は文民ではなく，66条2項が，現役自衛隊員は大臣となれないという意味を有することに争いはありません。過去に自衛官の経歴を有する者については，その文民性を否定する見解もありますが，一度自衛官になったら一生大臣になれないというのは行き過ぎの感があります。

## 12.4　内閣のその他の権限

73条は，内閣の権限を列挙しています（BOX 43）。ここでは，他の機関の説明でまだ扱っていないものを取り上げます。まず1号は，法律の誠実な執行と国務の総理を挙げています。法律の執行は，行政の中心的任務であり，1

図 12-4　**11 年ぶりに公開された閣議冒頭の様子（2013 年 1 月 8 日）**（写真提供：毎日新聞社）
閣議は非公開で行われます。また，写真のように，閣議室で一堂に会するのではなく，「持ち回り」で閣議がなされることもあります。閣議については議事録も作成されてきませんでしたが，2014 年 4 月より作成され，公表もされることになりました。

□□□ BOX 43──日本国憲法　第 5 章　内閣

**第 73 条【内閣の職務】**　内閣は，他の一般行政事務の外（ほか），左の事務を行（おこな）ふ。

1　法律を誠実に執行し，国務を総理すること。

2　外交関係を処理すること。

3　条約を締結すること。但（ただ）し，事前に，時宜（じ ぎ）によつては事後に，国会の承認を経ることを必要とする。

4　法律の定める基準に従（したが）ひ，官吏に関する事務を掌（しょう）理すること。

5　予算を作成して国会に提出すること。

6　この憲法及び法律の規定を実施するために，政令を制定すること。但し，政令には，特にその法律の委任がある場合を除いては，罰則を設けることができない。

7　大赦（たいしゃ），特赦（とくしゃ），減刑，刑の執行の免除及び復権を決定すること。

号での記載は確認的なものだと解されます。これに対し，国務の総理はあいまいな概念ですが，国政全般について配慮し，必要な調整作業を行うことといった程度の意味でしょう。ただ，「国務の総理」という概念から，何か内閣の具体的な権限が導かれるわけではありません。

2号，3号は外交に関する権限です。条約締結への国会の関与についてはすでに述べましたが，内閣にはその他の外交権限が包括的に与えられています。4号は，官吏，いわゆる公務員についての事務です。5号の予算作成権については，国会の箇所で述べました。

6号は，内閣の政令制定権を定めています。行政権が制定する一般的法規範のことを命令と呼びます。政令とは，命令のうち内閣が制定するもので，その他の命令として，各省が制定する省令なども存在します。しかし，このような命令制定権は国会の立法権に対する例外をなすものであり，法律の執行のための細目を定める執行命令と，法律の委任に基づく委任命令しか認められていないと解されています。国会の立法権について実質的法律を形式的法律として定めることを求めるものと解する通説も，実質的法律にあたらない事項の規律のためであっても，行政権が独自に命令を制定することはできないという立場をとっています。憲法を命令で直接実施する，というのは許されないということです。

委任命令については，もちろん委任の範囲を超える命令は違法となります。とはいえ，もし法律で広範な委任がなされてしまうと，その範囲を超える命令はほとんどありえなくなり，規範内容の形成が実質上命令制定権者に委ねられることになってしまいます。このような委任は，国会が立法権を事実上放棄するものともいえ，民主主義の観点から重大な問題となります。日本やドイツで，第二次世界大戦期に包括的な委任立法が行われ，行政権に権力が集中して国民の権利が大幅に侵害されたという経験からも，法律による委任には限界がなければいけないと解されています。一般的には，法律で政策上の明確な決定がなされなければならず，委任は細目にわたる決定に限定されなければならない，というべきでしょう。

7号は，恩赦についての実質的決定権が内閣に存することを明らかにしています。

## クローズアップ 12-2● 委任に関する判例

　委任命令に関しては，① 委任を行う法律がきちんと委任の趣旨を定めず，許されない白紙委任を行っているのではないかということと，② 委任を受けて制定された命令が委任の範囲を超えているのではないかということが，法的問題となります。

　① に関する判例としては，表現の自由の箇所で触れた猿払事件があります。国家公務員法 102 条 1 項は，国家公務員は「選挙権の行使を除く外，人事院規則で定める政治的行為をしてはならない。」と定めており，同事件の被告人は，人事院規則が禁止する政治的文書図画の掲示を行ったとして起訴されました。被告人は，この委任が，禁止されるべき政治的行為の内容について何も定めておらず，広範すぎる白紙委任であると主張しました。これに対し最高裁は，同法が「公務員の政治的中立性を損うおそれのある行動類型に属する政治的行為を具体的に定めることを委任するものであることは，同条項の合理的解釈により理解しうる」として，委任の限度を超えるものではないと判断しました。

　これに対し，② の問題では，最高裁は何度か，命令が委任の範囲を超え違法であると判断しています。最近では，医薬品のインターネット販売をめぐる事案が注目されました。これは，薬事法には医薬品につき対面販売を強制する規定がないにもかかわらず，その施行規則が一部の医薬品につき店舗における対面販売を義務づけ，インターネットなどを通じた通信販売を禁じていた事案です。最高裁は，薬事法からは対面販売を義務づける趣旨は読み取れないとして，同施行規則は委任の範囲を超え違法であると判断しました。この禁止が憲法で保障される職業活動の自由を「相当程度制約する」ことなどから，法律による委任の範囲について厳格に考えるべきだとの姿勢が示されています（最判平成 25・1・11 民集 67 巻 1 号 1 頁）。

　内閣の行政権との関係で,内閣の指揮監督に服さず,独立して職権を行使する行政組織である,独立行政委員会の合憲性が,議論されてきました。現在の制度としては，公正取引委員会や人事院などがあります。内閣がその職務遂行に責任を負えないような行政組織を存立させることは，合憲といえるのでしょうか。

　学説上は合憲説がほとんどです。**65条が41条や76条1項のように例外を許さない強い表現にはなっていないことから，例外を認めることは可能であり，特に政治的中立性が強く求められる業務については，政治的党派性を不可避的に帯びている内閣から独立の組織に担わせることに十分な合理性がある，ということになるでしょう。ただ，独立性が認められるといっても，行政権を行使する以上一定の監督は必要であり，国会での議論による統制の重要性は否定されるべきではありません。**

---

**参考資料■独占禁止法における公正取引委員会に関する条文（抜粋）**

　公正取引委員会は独占禁止法を執行する機関であり，以下のように，その職権行使の独立性が保障されています。

**私的独占の禁止及び公正取引の確保に関する法律（独占禁止法）**
**第28条**　公正取引委員会の委員長及び委員は，独立してその職権を行う。
**第29条**　①　公正取引委員会は，委員長及び委員四人を以て，これを組織する。
　②　委員長及び委員は，年齢が35年以上で，法律又は経済に関する学識経験のある者のうちから，内閣総理大臣が，両議院の同意を得て，これを任命する。
**第30条**　①　委員長及び委員の任期は，5年とする。但し，補欠の委員長及び委員の任期は，前任者の残任期間とする。
　②　委員長及び委員は，再任されることができる。
　③　委員長及び委員は，年齢が70年に達したときには，その地位を退く。
**第31条**　委員長及び委員は，次の各号のいずれかに該当する場合を除いては，在任中，その意に反して罷免されることがない。
　1　破産手続開始の決定を受けた場合
　2　懲戒免官の処分を受けた場合
　3　この法律の規定に違反して刑に処せられた場合
　4　禁錮以上の刑に処せられた場合　（以下略）

# 第13章

# 裁 判 所
──統治機構Ⅲ──

【本章で解説する部分】

## 13.1 司法権

### 13.1.1 司法権の観念

　憲法は，司法権を最高裁判所及び下級裁判所に与えています（76条1項。BOX 44）。では，この司法権とはどのような権限のことなのでしょうか。司法権概念についても，国によって，あるいは時代によっていろいろな考え方があります。戦前の日本では，かつてのフランスやドイツと同様，民事訴訟と刑事訴訟を担当する権限が司法権であると考えていました。これらの国では，行政庁による権利侵害に対する訴訟は，通常の裁判所ではなく特別に設置された行政裁判所が扱っていましたが，この行政裁判所は司法権ではなく行政権に属していると考えられていたのです。

　これに対し，イギリスやアメリカでは，以前から行政庁の行為についても通常の裁判所の審査権が及んでいました。さらにアメリカでは，裁判所は公権力の行使が憲法に違反していないかどうかを審査する違憲審査権も有しているとされてきました。司法権は，これらの権限を含む広い概念だと理解されてきたのです。日本国憲法は，裁判所の制度を大きく変革し，行政裁判所を廃止し，行政事件も通常の裁判所が扱うことにしました。そして，違憲審査制を導入しました。これにより，日本国憲法はアメリカ型の司法権概念を導入したものと理解されています。それは，一切の具体的な争訟について，法を適用して解決する作用であるというものです。私人間，あるいは公権力と私人の間での対立が，具体的な法的争いにまで発展した場合には，その終局的解決は裁判所のみが行うことができる，ということになります。

　ただし，76条2項は，行政機関は終審として裁判を行うことができないと定めており，逆にいうと，終審としてでなければ裁判を行うことを認めています。これらの行政機関による裁判に対しては，さらに裁判所への提訴が許されていなければなりません。

　上で述べた司法権の観念は，学説上通説的なものですが，実はこの問題については，司法権が扱う対象に具体的争訟性があることまで要求すべきかどうかを中心に，盛んに議論が行われています。その背景には，現在の法律上，一定の場合に，具体的争訟性を欠く客観訴訟といわれる訴訟を裁判所が扱うことが

第76条【司法権，特別裁判所の禁止，裁判官の独立】　①　すべて司法権は，最高裁判所及び法律の定めるところにより設置する下級裁判所に属する。

②　特別裁判所は，これを設置することができない。行政機関は，終審として裁判を行ふことができない。

③　すべて裁判官は，その良心に従ひ独立してその職権を行ひ，この憲法及び法律にのみ拘束される。

第77条【最高裁判所の規則制定権】　①　最高裁判所は，訴訟に関する手続，弁護士，裁判所の内部規律及び司法事務処理に関する事項について，規則を定める権限を有する。

②　検察官は，最高裁判所の定める規則に従はなければならない。

③　最高裁判所は，下級裁判所に関する規則を定める権限を，下級裁判所に委任することができる。

## コラム 13-1 ● 民事・刑事・行政事件

　民事事件とは，私人間の権利義務をめぐる訴訟のことであり，自己の土地を不法に占拠する者に対する土地明け渡し請求や，各種事故の被害者から加害者に対する損害賠償請求など，多くの訴訟類型があります。刑事事件とは，刑罰法規に違反した者に対し，国家機関としての検察官が処罰を求めて提起する訴訟です。

　行政事件とは，行政庁による権利侵害に対して私人が提訴する訴訟であり，広い意味では民事事件に含まれますが，特別の訴訟手続に従う部分が多いことを特徴とします。

## コラム 13-2 ● 最高裁の規則制定権

　77条は，訴訟手続や裁判所の内部規律などについて，最高裁に規則制定権を認めています。戦前の裁判所には独自の規則制定権はなく，この条文は日本国憲法による司法権強化の一例といえます。

　ただ，この規定は同じ事項を法律が規律することを排除する趣旨であるとは考えられていません。憲法は裁判所の構成について法律による規律を予定しており（76条1項，79条），また31条は刑事手続が法律で定められるべきことを求めています。両者の関係についても，国民の権利に関する事項についてはまず法律で定めるべきだとの考えから，法律の方が優位するとの立場が一般的です。実際にも，たとえば民事訴訟・刑事訴訟ともに，まず法律が手続を定め（民事訴訟法・刑事訴訟法），最高裁規則（民事訴訟規則・刑事訴訟規則）はその細則を定めるという位置づけになっています。

認められているという事情があります。選挙区内の有権者であれば誰でも提訴できる選挙無効訴訟や，地方公共団体の住民であれば誰でも当該団体による違法な公金支出について訴えられる住民訴訟が，その代表的な例です。

この客観訴訟がなぜ認められるのかについて，それは本来の司法権には含まれないが，それに類似する権能だから裁判所に与えることが許されるのだと説明するのが通説的見解です。これに対しては，選挙無効訴訟や住民訴訟は，問題となる違法な行為に具体性があり，かつそれと提訴権者との間に関連があるので，司法権の範囲に入ると考えてよいという説があります。さらに，司法権の定義に具体的争訟性は必要なく，法律が提訴権を認めていれば，どんな事件でも司法権の対象となる，という説も提唱されています。しかし，このように司法権の範囲を広げる見解に対しては，違憲審査権まで与えられている日本国憲法の司法権は強力な権限であるだけに，それが裁判当事者の権利と関係の薄い事件にまで広げられることには問題がある，という批判もなされています。

### 13.1.2 司法権の限界

司法権は，一切の具体的争訟につき法を適用して解決するのが原則ですが，判例上いくつかの例外が認められるに至っています。まず，ある種の団体の内部紛争については，その解決は団体の自主的判断に任され，裁判所の審査対象とならないとされます。これを部分社会の法理といったりします。ただし，当然ながら団体内部の紛争であれば何でも司法権の範囲外になるというわけではなく，裁判所の審査権から外れることを認めるためには，個別の理由が必要です。当該団体の自主的判断が憲法上尊重に値するかどうかが問題になります。

地方議会における議員の懲罰については，国会議員についての議院自律権のような裁判所の関与を排除する憲法上の規定はありませんが，最高裁は，除名に至らない限り司法権の範囲外であるという解釈を示してきました（最大判昭和35・10・19民集14巻12号2633頁。議長の議員に対する発言取消命令について，最判平成30・4・26判時2377号10頁）。しかし，最近になって判例を変更し，出席停止処分は議員の中核的な活動を妨げるものなので司法審査の対象になると判示しています（最判令和2・11・25民集74巻8号2229頁）。地方議会の自律的運営の保護よりも議員の権利主張を重視する姿勢が示され，最

表 13-1　**客観訴訟の例**

| 客観訴訟（具体的な争訟性を欠く訴訟） | 民衆訴訟 | 住民訴訟　（地方自治法 242 条の 2 に規定）<br><br>選挙訴訟　【例】公職選挙法 203 条 ［選挙無効訴訟（地方）］<br>　　　　　　　　　　　　　204 条 ［選挙無効訴訟（国政）］<br>　　　　　　　　　　　　　207 条 ［当選効力訴訟（地方）］<br>　　　　　　　　　　　　　208 条 ［当選効力訴訟（国政）］ |
|---|---|---|
| | 機関訴訟 | 【例】地方自治法 176 条 7 項 ［総務大臣または都道府県知事の裁定に関する訴え］<br>　　　251 条の 5 ［国の関与に関する訴え］<br>　　　252 条 ［都道府県の関与に関する訴え］ |

（参考）　公職選挙法 204 条　衆議院議員又は参議院議員の選挙において，その選挙の効力に関し異議がある選挙人又は公職の候補者（…）は，…当該選挙の日から 30 日以内に，高等裁判所に訴訟を提起することができる。

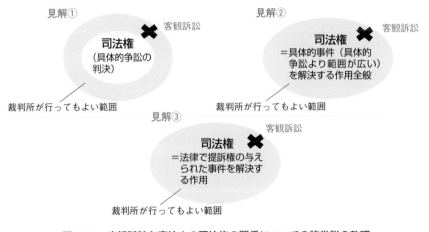

図 13-1　**客観訴訟と憲法上の司法権の関係についての諸学説の整理**

### クローズアップ 13-1 ● 大学の単位認定行為の司法審査についての最高裁判決

　「一般市民社会の中にあつてこれとは別個に自律的な法規範を有する特殊な部分社会における法律上の係争のごときは，それが一般市民法秩序と直接の関係を有しない内部的な問題にとどまる限り，その自主的，自律的な解決に委ねるのを適当とし，裁判所の司法審査の対象にはならないものと解するのが，相当である」。大学はこの「特殊な部分社会」を形成しており，その「単位授与（認定）行為は，…特段の事情のない限り，純然たる大学内部の問題として大学の自主的，自律的な判断に委ねられるべきものであ」る（最判昭和 52・3・15 民集 31 巻 2 号 234 頁（富山大学単位不認定事件））。

高裁の部分社会論への態度が今後どうなるか，注目が高まっています。

　大学内での学生に対する処分は，原則として審査対象となりません（最判昭和52・3・15民集31巻2号234頁）。大学の自治への配慮といえるでしょう。判例は，政党内部の紛争についても，外部の法秩序との直接の関係が発生しない限り，審査対象外だとしています（最判昭和63・12・20判時1307号113頁）。政党の自由を尊重することの，議会制民主主義にとっての重要性を根拠にするものです。宗教団体の内部紛争についても同様の立場が示されていますが，さらに宗教団体については，訴訟の対象そのものは適法なものであっても，紛争を解決するには宗教上の教義に関する争いについて裁判所が態度を示さざるを得ないような場合には，やはり裁判所の審査対象とならない，とされています（板まんだら事件，最判昭和56・4・7民集35巻3号443頁）。これは，政教分離の観点から，国の機関である裁判所が特定の宗教上の立場を正しいと認めることを避けるための配慮といえます。

　さらに，司法権の限界としては，いわゆる統治行為論も挙げられます。これは，具体的争訟としての要件を満たしている事件であっても，それが高度の政治性を有している場合には，裁判所の審査対象としないことが認められるという考え方です。高度に政治的な問題については，民主性の低い裁判所が最終的解決を示すのは不適切であり，政治部門，最終的には国民の判断に委ねるべきである，という理解に基づくものであるといえます。

　判例上，この統治行為論は，内閣の衆議院解散権をめぐる苫米地事件（最大判昭和35・6・8民集14巻7号1206頁）と，日米安全保障条約の合憲性をめぐる砂川事件（最大判昭和34・12・16刑集13巻13号3225頁）で採用されました。いずれの場合も，最高裁は高度の政治性を理由にして，自らの憲法解釈によって事件を解決することを避けました。ただし，砂川事件では，判決は，裁判所の審査権が排除されるのは，争われている行為が「一見極めて明白に違憲無効」でない限りであるとし，統治行為論に留保をつけています。

　統治行為論については，高度の政治性というあいまいな概念によって裁判所の審査権を限定し，結果として政治部門の判断を容認するものであり，司法権の任務である国民の権利救済という観点からは非常に問題が大きいという批判が強くなされてきました。確かに高度の政治性という概念は濫用されるおそれ

## クローズアップ 13-2● 政党の構成員に対する処分の司法審査についての最高裁判決

　政党は「議会制民主主義を支える上においてきわめて重要な存在である」ので，「政党に対しては，高度の自主性と自律性を与えて自主的に組織運営をなしうる自由を保障しなければならない」。「政党が党員に対してした処分が一般市民法秩序と直接の関係を有しない内部的な問題にとどまる限り，裁判所の審判権は及ばないというべきであり，他方，右処分が一般市民としての権利利益を侵害する場合であっても，右処分の当否は，…適正な手続に則ってされたか否かによって決すべきであり，その審理も右の点に限られるものといわなければならない」（最判昭和 63・12・20 判時 1307 号 113 頁（共産党除名処分事件））。

## クローズアップ 13-3● 統治行為論を採用した判例

　憲法 69 条の場合以外の衆議院解散の合憲性が問題となった，苫米地事件において，最高裁は「直接国家統治の基本に関する高度に政治性のある国家行為のごときはたとえそれが法律上の争訟となり，これに対する有効無効の判断が法律上可能である場合であつても，かかる国家行為は裁判所の審査権の外にあり，その判断は主権者たる国民に対して政治的責任を負うところの政府，国会等の政治部門の判断に委され，最終的には国民の政治判断に委ねられているものと解すべきである。」「衆議院の解散は，極めて政治性の高い国家統治の基本に関する行為であつて」，裁判所はその有効性についての審査権を有しない，と判断しました。

## クローズアップ 13-4● 砂川事件についての最高裁判決

　当該条約は「主権国としてのわが国の存立の基礎に極めて重大な関係をもつ高度の政治性を有するものというべきであつて，その内容が違憲なりや否やの法的判断は，その条約を締結した内閣およびこれを承認した国会の高度の政治的ないし自由裁量的判断と表裏をなす点がすくなくない。それ故，右違憲なりや否やの法的判断は，純司法的機能をその使命とする司法裁判所の審査には，原則としてなじまない性質のものであり，従つて，一見極めて明白に違憲無効であると認められない限りは，裁判所の司法審査権の範囲外のものであつて，それは第一次的には，右条約の締結権を有する内閣およびこれに対して承認権を有する国会の判断に従うべく，終局的には，主権を有する国民の政治的批判に委ねられるべきものであると解するを相当とする」（最大判昭和 34・12・16 刑集 13 巻 13 号 3225 頁）。

がありますが，これまでのところ，判例が明示的に統治行為論を用いたのは上記2件にとどまっており，その他の訴訟で国側から統治行為論が持ち出されても，認められていません。判例は，統治行為論を認めるとしても，それをかなり例外的な場合に限定する立場であるということはできるでしょう。

## 13.2 裁判所の組織

### 13.2.1 最高裁判所

　最高裁判所長官の任命は天皇の国事行為ですが（6条2項），指名するのは内閣であり，他の裁判官は内閣が任命します（79条1項。BOX 45）。実質的には，すべての裁判官を内閣が選ぶということになります。長官以外の裁判官の員数は，現在の法律では14人であり，最高裁は計15人の裁判官で構成されています。最高裁裁判選任に，国会は関与しません。諸外国では，違憲審査権を有する最高の裁判所の裁判官任命には，その重要性からしてむしろ議会が関与することが多いです。特にアメリカでは，大統領の最高裁裁判官任命に議会上院の承認が必要とされていることから，候補者について議会で詳しい調査が行われます。ときに政治的思惑によって左右される，この議会による承認手続には批判もありますが，最高裁裁判官に民主的に選ばれたという正当性を与え，また国民にその人物を強く印象づける機会となっていることは確かです。これに対し，日本では誰が最高裁裁判官なのか，大多数の国民は知らないでしょう。このような国民からの遠さが，違憲審査権の消極的行使にも影響してきたのではないかという指摘もあります。

　ただし，憲法は最高裁裁判官について，事後的に国民審査の制度を導入しています。最高裁裁判官は，任命後初めての衆議院総選挙の際に国民審査に付され，罷免を可とする投票が多数を占めた場合には罷免されることになっています。その後10年を経過するごとに同じ審査を受けなければなりません。

　実際の国民審査は，裁判官の名前が列挙された投票用紙に，罷免を可とする裁判官の個所に×をつけ，罷免を可としない場合には何も記入しないという方式で行われています。つまり，何も記載しなければ罷免を望まないという意思だとみなされ，×以外を記入すると無効票として扱われます。最高裁の判例は，

第79条【最高裁判所の裁判官，国民審査，定年，報酬】　①　最高裁判所は，その長たる裁判官及び法律の定める員数(いんずう)のその他の裁判官でこれを構成し，その長たる裁判官以外の裁判官は，内閣でこれを任命する。

②　最高裁判所の裁判官の任命は，その任命後初めて行(おこなわ)はれる衆議院議員総選挙の際国民の審査に付(ふ)し，その後10年を経過した後初めて行(おこなわ)はれる衆議院議員総選挙の際更に審査に付し，その後も同様とする。

③　前項の場合において，投票者の多数が裁判官の罷免(ひめん)を可とするときは，その裁判官は，罷免される。

④　審査に関する事項は，法律でこれを定める。

⑤　最高裁判所の裁判官は，法律の定める年齢に達した時に退官する。

⑥　最高裁判所の裁判官は，すべて定期に相当額の報酬を受ける。この報酬は，在任中，これを減額することができない。

図13-2　**最高裁判所裁判官国民審査の投票用紙**（写真提供：時事通信フォト）
2012年12月の第46回衆議院総選挙の際の見本（東京都）で，1枚の紙の表裏となっています。

このような方式について，国民審査制度は解職制度の一種であり，投票者が積極的に罷免を求めているかどうかだけを示せればよいとして，現在の制度を合憲としています。ただし，その結果，国民審査で裁判官が罷免されるということはほとんど考えられなくなり，国民審査制度は形骸化しているという評価が広くなされています。

　最高裁は法律上，15人の裁判官全員からなる大法廷と，5人ずつの裁判官で構成される3つの小法廷に分けられています。最高裁に係属する事案は，まずいずれかの小法廷に割り振られ，多くの事件は最終的な判決まで小法廷で行われます。ただ，小法廷が，新たな憲法判断が必要などの重要案件だと認めると，それが大法廷に回付されるという仕組みになっています。

### 13.2.2　下級裁判所

　憲法は，どのような下級裁判所を設置するかについては，決定を大幅に法律に委ねています。現在は，全国に8つ設置されている高等裁判所（支部のある高裁もあります），都道府県ごとにある地方裁判所，家庭裁判所，そしてさらに多く設けられている簡易裁判所の4種類が存在します。通常の事件の第一審となるのは地方裁判所です。簡易裁判所は，少額の民事訴訟や軽い罪の刑事訴訟を管轄します。家庭裁判所は，離婚，相続など家庭内の紛争や少年審判事件を管轄します。第一審の判決に不服な当事者は上級の裁判所に控訴でき，さらに上告までできるという三審制がとられていますが，上告理由は判決に憲法違反などの重大な違法があることに限られています。地裁が第一審となる多くの事件では，高裁に控訴し，さらに最高裁に上告するということになります。

　なお，76条2項は，特別裁判所の設置を禁じています。特別裁判所とは，最高裁を頂点とする通常裁判所の系列に属さない裁判所のことで，戦前に軍に関する刑事事件を管轄し，通常の裁判所への上訴を許さなかった軍法会議のようなものがその代表例です。家庭裁判所は，特定の内容の事件のみを扱う裁判所ですが，高裁への控訴などが許されており，この特別裁判所にはあたりません。

　下級裁判所の裁判官は，最高裁が指名した者の名簿によって，内閣が任命すると定められています（80条1項）。内閣の任命権を形式的なものと考える必要はないことから，最高裁と内閣の権限分配が問題となりますが，現実には，

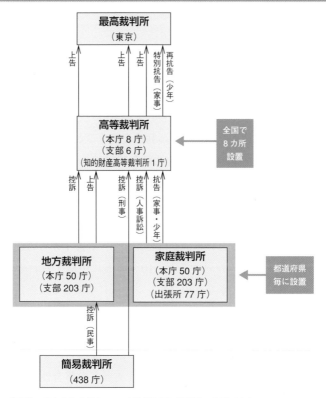

図 13-3　**裁判所機構図**
この図は主な裁判手続についてのものです。

□□□ BOX 46——日本国憲法　第 6 章　司法

第 80 条【下級裁判所の裁判官・任期・定年，報酬】　①　下級裁判所の裁判官
は，最高裁判所の指名した者の名簿によつて，内閣でこれを任命する。その裁判
官は，任期を 10 年とし，再任されることができる。但し，法律の定める年齢に
達した時には退官する。

②　下級裁判所の裁判官は，すべて定期に相当額の報酬を受ける。この報酬は，
在任中，これを減額することができない。

任命を要する人数よりも1人多い数の裁判官が最高裁によって指名され，内閣がその中から任命を行っています。

80条1項は，下級裁判所裁判官の任期を10年と定めています（BOX 46）。この規定は，裁判官の独立との関係で大きな論争を呼んできました。裁判官を続けるためには10年ごとに最高裁に再任を認めてもらう必要があり，この再任判断がまったく最高裁の自由に委ねられているのだとすると，事実上，下級裁判所の裁判官が最高裁の意図に反する判決を書くことが困難になるからです。この規定は，アメリカのような法曹一元制を前提にして，弁護士の中から10年裁判官をやってくれる人を選び，任期が終わったらまた弁護士に戻ってもらう，というような制度を念頭においていたといわれますが，実際には日本の裁判官人事は通常の公務員と同様，若くして裁判官に任用されたものがそのまま定年まで裁判官をし続けるという例がほとんどで，弁護士からの裁判官任用は広まりませんでした。そうだとすると，10年ごとに失職するおそれがあるというのは，裁判官にとってかなりのプレッシャーになることは否定できないでしょう。

このため，一度裁判官に採用された者については，本人が希望すれば再任を認めるのが原則だと考えるべきだ，という学説が提唱されました。ただ，80条1項の「再任されることができる」という文言との整合性は苦しく，憲法解釈としては問題が残ります。しかし，現行制度において裁判官の独立を実効的に確保するためには，このような扱いが憲法上望ましいというべきでしょう。

司法改革により，地方裁判所の一部の刑事事件において，裁判員裁判が実施されることになりました。これは，職業裁判官以外の者が判決形成に加わる，戦後初めての制度となります。裁判員は，各地裁の管轄地域内の有権者から，抽選で選ばれ，事実認定や法律の適用，刑の量刑については，裁判官と同じ権限を有します。ただ，法律解釈や訴訟手続については，裁判官のみが判断します。裁判員制度は，司法への国民参加を進めるものですが，憲法の条文には出てこない制度であるため，その合憲性が議論の対象となってきました。違憲論は，裁判所は身分保障のある裁判官によって構成されるというのが，憲法の立場であって，一般市民から特定の事件についてのみ選ばれる裁判員の参加は許されない，などと主張します。これに対して合憲論は，下級裁判所については，

　80 条 1 項の再任規定の解釈につき，最高裁は，下級裁判所裁判官を再任指名するかどうかは，その自由裁量に委ねられているとの立場をとっています。再任を希望する裁判官からすれば，自らの行為の何がどのように最高裁に不利な事情として考慮されるか分からないということになります。これでは，具体的事案の判断にあたって目立つことはできないという意識が働き，裁判官の独立性に影響が生じることは避けられないでしょう。

　この規定の解釈は，1971 年（昭和 46 年）の宮本判事補再任拒否事件で激しく論じられました。宮本康昭氏が，最高裁によって再任を拒否されたのです。最高裁はその理由を明らかにしませんでしたが，宮本氏が左派的な青年法律家協会という団体に属していたことが理由ではないかといわれ，政治的理由による不当な再任拒否だと批判されました。その後，この団体に加入する裁判官は激減しました，まさしく，再任を認めるかどうかの判断が，下級裁判所裁判官を「統制」する強力な手段であることが示されたのです。

　司法制度改革の一環として，この再任判断の透明化も求められることになり，最高裁に下級裁判所裁判官指名諮問委員会がおかれ，任命希望者について独立の評価がなされるようになっています。ただし，その判断に拘束力は与えられていません。

　「国民の司法参加と適正な刑事裁判を実現するための諸原則とは，十分調和させることが可能であり，憲法上国民の司法参加がおよそ禁じられていると解すべき理由はなく，国民の司法参加に係る制度の合憲性は，具体的に設けられた制度が，適正な刑事裁判を実現するための諸原則に抵触するか否かによって決せられるべきものである」。

　現行法の制度からすれば，「裁判員が，様々な視点や感覚を反映させつつ，裁判官との協議を通じて良識ある結論に達することは，十分期待することができる。他方，憲法が定める刑事裁判の諸原則の保障は，裁判官の判断に委ねられている」。したがって，被告人の裁判を受ける権利は害されていない。また，憲法 18 条の意に反する苦役の禁止との関係でも，「裁判員の職務等は，司法権の行使に対する国民の参加という点で参政権と同様の権限を国民に付与するものであり，これを「苦役」ということは必ずしも適切ではない」。また，辞退に関し柔軟な制度も設けられているから，合憲である（最大判平成 23・11・16 刑集 65 巻 8 号 1285 頁）。

その構成員が裁判官に限られるという趣旨の規定はなく，また，32条はあえて「裁判官の裁判」ではなく「裁判所において裁判を受ける権利」という表現を使っており，裁判官以外の者が裁判所を構成することを容認する趣旨だと解釈できるとします。また，個別の事件しか担当しない裁判員には，その独立の職権行使を保障するためにあえて手厚い身分保障を与える必要もない，と言います。最高裁は，裁判員制度の合憲性を認めています（最大判平成23・11・16刑集65巻8号1285頁）。

## 13.3 裁判官の独立

76条3項は，裁判官が良心に従い独立して職権を行使すべきこと，憲法及び法律にのみ拘束されること，を規定しています（BOX 44）。裁判官は争訟の解決にあたり，両当事者に対して公平公正な立場を厳守しなければなりません。そのために，国会や内閣とは異なり，裁判官には外部からの政治的コントロールの行使が排除されます。裁判官に強い独立性が認められているのは，このためです。

76条3項がいう良心とは，私的な良心のことではなく，裁判官としてのあるべき倫理観のことであり，裁判官は事実認定や法解釈にあたって，常に自分自身が理想とする裁判を追及しなければならないのです。裁判官の独立は，国会や内閣に対してだけでなく，裁判所内の他の裁判官に対しても妥当するものであることに注意が必要です。裁判官は，具体的事件の処理にあたって所属裁判所の長官から指揮を受けるような立場にはありません。これは，行政組織に属する公務員の行動原理とはまったく異なる，裁判官という地位の特徴の一つです。

裁判官が憲法及び法律にのみ拘束されるというのは，行政機関による命令の拘束力を否定する趣旨ではなく，裁判官は客観的法にのみ拘束されるのであって，他者の個人的な指図には従うべきでないという意味を示すものです。

裁判官の独立を確保するため，その身分は厚く保障されています。78条は，裁判官の罷免を，心身の故障の場合と，公の弾劾の場合に限っています（BOX 47）。「公の弾劾」は，国会に設置される弾劾裁判所で行われます（64条）。弾劾というのは，公務員に非難すべき行為があった場合に，それを理由にしてそ

## コラム 13-4● 裁判官の独立が問題となった事例

司法権の他の国家機関からの独立は，戦前においてもかなり守られていたと評価されています。その模範例とされたのが，有名な大津事件（1891年（明治24年））です。この事件では，ロシア皇太子を襲った被告人に対し，政府は，日本の皇族に危害を加えた者への刑罰規定（当時）を適用して死刑に処することを求めました。これに対し，ときの大審院長児島惟謙は司法の独立を主張してそのような規定の適用を拒み，無期懲役刑が言い渡されました。ただし，本来の司法権の独立は，事件を担当する個々の裁判官の独立を保障するものであることからすると，事件を担当していたわけではない児島の行動は，司法権内部の地位を利用した介入として，それ自体問題となりうるものであったともいえます。

戦後に裁判官の独立が問題となった事例で著名なものとして，長沼事件の第一審を担当していた札幌地裁の裁判官に対し，平賀健太同裁判所長が，自衛隊違憲判決を避けて事件を処理するよう「アドバイス」を行った，1969年（昭和44年）の平賀書簡問題があります。長沼事件が大きな政治的注目を集める中での裁判所長の介入は，裁判官の独立を害するものだとして批判されました。平賀氏は，この行為により最高裁から注意を受けました。さらに，国会で弾劾裁判を開始するかどうか判断する裁判官訴追委員会が開かれ，書簡を受け取り公表した裁判官と平賀氏双方について審査するという事態に至りました（結局，両者とも訴追はされず）。

□□□ BOX 47――日本国憲法　第4章　国会（第64条），第6章　司法（第78条）

**第64条【弾劾裁判所】**　①　国会は，罷免の訴追を受けた裁判官を裁判するため，両議院の議員で組織する弾劾裁判所を設ける。
②　弾劾に関する事項は，法律でこれを定める。

**第78条【裁判官の身分の保障】**　裁判官は，裁判により，心身の故障のために職務を執ることができないと決定された場合を除いては，公の弾劾によらなければ罷免されない。裁判官の懲戒処分は，行政機関がこれを行ふことはできない。

## クローズアップ 13-6● 裁判官の罷免

弾劾裁判所（正式には「裁判官弾劾裁判所」）は，検察官に相当する訴追委員会（衆参両院から各々10名ずつが選出され組織される。図11-1参照）と裁判体に相当する弾劾裁判所（衆参各7名，計14名の「裁判員」で構成）からなります。罷免の決定には，審理に関与した裁判員の3分の2以上の賛成が必要です。

の職を解くことです。憲法は，裁判官の罷免に国会議員からなる特別の裁判を必要とすることで，その身分の保障を図っています。弾劾の理由として，裁判内容に対する反対を持ち出すことが許されないのは当然であり，実際の法律上も，弾劾の原因は，職務義務への著しい違反や，裁判官としての威信を著しく損なう非行に限定されています。

## 13.4 裁判の公開

82条1項は，裁判の対審及び判決は公開法廷で行うべきことを定めます（BOX 48）。2項は「公の秩序又は善良の風俗」を害するおそれがある対審については例外を認めていますが，それでも，政治犯罪，出版犯罪や憲法上の権利が問題となっている事件については絶対的公開が求められています。

裁判の公開は，裁判の公正さを確保するために非常に重要です。いくら裁判官の独立が保障されていても，密室裁判では，きちんとした根拠に基づかない裁判がなされる危険が強くあります。紛争の最終的解決をなす司法権の行使は，公開の場での批判的検討に耐える質をもつものであることが求められます。戦前の日本でも，政府に批判的な人々が非公開の裁判で不当に処罰されることが多くありました。82条2項が，政治犯罪などについて対審の絶対的公開を求めているのは，このような経験もふまえてのことです。同項が挙げる，憲法上の権利が問題となっている「事件」というのは，後の2つの事件類型との対応上，刑罰によってこの権利を制約しようとする刑事事件のことを指すと解されています。

憲法が「対審」といっているのは，事件の両当事者が裁判官の前で主張立証を行う，裁判過程の中核となる手続のことです。この対審には非公開の例外が認められていますが，「判決」には例外は認められていません。つまり，判決言い渡しは常に公開法廷で行われる必要があります。

裁判の公開は，実際には傍聴人の傍聴を許すというかたちで行われます。どの法廷にも傍聴席が用意されていますが，当然ながらその席数には限りがあります。著名な事件の公判で傍聴希望者が傍聴席数を上回るような場合には，抽選が行われます。現在，裁判の中継や録音・録画は認められていません。ただ，

第82条【裁判の公開】　①　裁判の対審及び判決は，公開法廷でこれを行ふ。
②　裁判所が，裁判官の全員一致で，公の秩序又は善良の風俗を害する虞が
あると決した場合には，対審は，公開しないでこれを行ふことができる。但し，
政治犯罪，出版に関する犯罪又はこの憲法第3章で保障する国民の権利が問題
となつてゐる事件の対審は，常にこれを公開しなければならない。

（出所）　裁判員制度ウェブサイトより転載。

**図 13-4　裁判員裁判の法廷（傍聴者側から見たもの）**

写真はさいたま地方裁判所の各施設を撮影したものです。各施設の様子は，裁判所によっ
て多少異なります。

## コラム 13-5●法廷メモ訴訟

　本文では，傍聴人がメモをとることは一般的に認められていると書きましたが，
実はこれは法廷メモ訴訟と呼ばれる一つの事件による成果なのです。この訴訟の原
告がある裁判を傍聴してメモの許可を求めたところ，それが拒否されました。当時
は，傍聴人にはメモも認められていなかったのです。原告の訴えに対し最高裁は，
結論的にはメモ不許可を違法とまではいえないとしたものの，傍聴人のメモ行為は
「尊重に値」するとし，また，それが「公正かつ円滑な訴訟の運営を妨げるに至る
ことは，通常はありえない」として，原則としてメモの自由を認めるべきだと述べ
ました（最大判平成元・3・8民集43巻2号89頁）。この判決を受けて，全国の裁
判所で傍聴人のメモが認められるようになったのです。

傍聴人がメモをとることは，一般に認められています。裁判の様子がイラストで紹介されることが多いのは，このような事情によるものです。

　裁判の公開の意義は，単に傍聴人の前で裁判が行われるということに尽きるのではなく，裁判過程に関して広く批判的検討が行われる機会を保障し，それによって裁判の公正さを確保することにあります。そのような機会を確保するために，傍聴人のメモは重要な役割を果たすというべきでしょう。とはいえ，法廷の状況そのものを外部に中継することや録画，録音することは，当事者にとってプライバシー侵害の危険や心理的負担が大きく，禁じられてもやむを得ないと思われます。

　裁判の公開をめぐっては，特許権などの知的財産権をめぐる訴訟で，新たな問題が生じています。相手が自分のもつ特許権を侵害していると主張するためには，その技術内容について詳しく説明する必要がある場合がありますが，これを公開の場で行うと自己の技術内容が広く知られてしまう危険があるため，訴訟を提起することがためらわれることがある，といわれてきました。そこで，近年，このような場合に裁判の公開を停止できる制度が設けられました。また，人の家族法上の身分関係をめぐる事件でも，公開の場では知られたくない事項を含む証言が求められることがあり，一定の場合に公開を停止できる制度が導入されています。

　しかし，憲法は裁判公開の例外を非常に厳格に規定しており，このような当事者の利益を守るための非公開が，「公の秩序又は善良の風俗」を害するおそれのある場合といえるか，かなり微妙な問題です。とはいえ，公開を停止する理由がかなり説得的であることから，**82条2項**の非公開理由は厳格な限定列挙ではなく，このような場合には例外を許すものだという解釈も提唱されています。

## **13.5** 違憲審査制

### 13.5.1　付随的審査制と抽象的審査制

　81条は，最高裁判所が一切の法律や処分などの合憲性について決定する終審裁判所である，と定めています（BOX 49）。これにより，日本の裁判所が違憲審査権を有することが認められたのです。戦前の裁判所にはこの権限はあ

**第 81 条【最高裁判所の違憲審査権】**　最高裁判所は，一切(いっさい)の法律，命令，規則又は処分が憲法に適合するかしないかを決定する権限を有する終 審(しゅうしん)裁判所である。

## クローズアップ 13-7● 違憲審査制をめぐる判例

　憲法施行直後には，新しい制度である違憲審査制の性格についての見解が固まっておらず，最高裁がいくつかの判決でその骨格を示しました。すでに 1948 年(昭和 23 年) の判決が，憲法 81 条は「米国憲法の解釈として樹立せられた違憲審査権を，明文をもって規定した」ものだとの理解を示しています（最大判昭和 23・7・8 刑集 2 巻 8 号 801 頁）。さらに著名なのは，警察予備隊訴訟です。1950 年(昭和 25 年) に警察予備隊（自衛隊の前身）が設置されたのに対し，当時の左派社会党書記長が直接最高裁に，警察予備隊に関して行われた一切の行為の違憲無効の確認を求めて出訴したのです。その際原告は，最高裁は特別の憲法裁判所としての性格も有しており，具体的な争訟がなくても合憲性を審査する権限を有する，と主張しました。

　これに対し最高裁は，「わが裁判所が現行の制度上与えられているのは司法権を行う権限であり，そして司法権が発動するためには具体的な争訟事件が提起されることを必要とする。…最高裁判所は法律命令等に関し違憲審査権を有するが，この権限は司法権の範囲内において行使されるものであり，この点においては最高裁判所と下級裁判所との間に異るところはないのである（憲法 76 条 1 項参照）。」と述べ，訴えを却下しました（最大判昭和 27・10・8 民集 6 巻 9 号 783 頁）。

　また，憲法上明文のない下級裁判所の違憲審査権についても，1950 年の最高裁判決が，「裁判官が，具体的訴訟事件に法令を適用して裁判するに当り，その法令が憲法に適合するか否かを判断することは，憲法によって裁判官に課せられた職務と職権であって，このことは最高裁判所の裁判官であると下級裁判所の裁判官であることを問わない。」として明確に認めています（最大判昭和 25・2・1 刑集 4 巻 1 号 73 頁）。

りませんでした。違憲審査権は，日本国憲法によって司法権にもたらされた最大の変化であるといえるでしょう。81条は，最高裁の違憲審査権にしか言及していませんが，当初より，下級裁判所もこの権限を有すると考えられ，実際にも行使されてきました。それは，この違憲審査制が，アメリカで法を適用する裁判所の当然の権限として認められた違憲審査権を日本にも導入するものと理解されていたからです。

　アメリカの違憲審査制は，具体的な事件が提訴されたことを前提にして，その解決のために必要な限りにおいて憲法判断を行うというものです。これを付随的審査制と呼びます。典型的には，当該事件で適用されるべき法律について合憲性を審査し，違憲と判断される場合にはそれを無効と宣言して適用しない，というものです。アメリカでは，憲法上裁判所の違憲審査権を認める明文の規定はないのですが，憲法も当然裁判所が適用すべき法に含まれるのであり，憲法が他の法より優位する以上，裁判所は憲法に違反する法の適用を拒否する権限を有するとされてきました。

　しかし，この論理は，他の立憲主義諸国には広まりませんでした。19世紀においては，君主に対抗して議会の権限を強めることが立憲主義の主要課題であり，国民の権利も議会権限の拡大によって確保することができると考えられていたのです。議会が合憲だと考えて法律を制定した以上，裁判所はその合憲性を審査できないというのが，多くの国の通説的解釈でした。このような態度を変化させたのは，ナチスを筆頭とする全体主義の経験でした。議会において反民主主義勢力が多数を占め，議会制定法が国民の権利侵害に積極的に加担したという反省がなされたのです。このような事態を防ぐためには，やはり法律に対す合憲性審査制度を構築しなければならないと考えられました。

　ただし，ドイツなどの諸国では，アメリカのような付随的審査制を導入するのではなく，憲法裁判を扱う特別の裁判所を新たに設置するというやり方がとられました。これは，やはり議会制定法を無効と宣言できるのは特別の裁判所に限るべきだという考えによるものです。また，政治的問題に立ち入ることの多い違憲審査は，従来の司法権の行使とは性格がかなり異なることも考慮されました。ドイツでは，具体的事件がなくても，法律の合憲性問題をそれ自体として審査対象とできる憲法裁判所が設置されました。このように，事件とは関係な

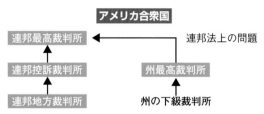

### アメリカ合衆国

連邦最高裁判所 ← 連邦法上の問題

連邦控訴裁判所　　　　州最高裁判所

連邦地方裁判所　　　州の下級裁判所

　アメリカの裁判制度は、問題となるのが連邦法か州法かに応じて、連邦裁判所と州裁判所の２系列に分かれています。州の最高裁判所からは、連邦法上の問題（多くは、適用される州法が合衆国憲法に違反していないかどうか）に関して不服が存在する場合に限って、連邦最高裁判所への上訴が認められます。裁判所の管轄がそれ以上事件の性質によって分けられるということはなく、原則として管轄区域内のあらゆる事件を同一の裁判所が担当します。どの裁判所も違憲審査権を有します。

　連邦最高裁は、上訴された事件の中から、取り上げるものを裁量的に定める権限（サーシオレイライ）を有しています。このため、重要な憲法問題についての審理に集中できるといわれています。

### ドイツ

連邦憲法裁判所

連邦通常裁判所　　　　連邦行政裁判所

上級地方裁判所　　　　上級行政裁判所

地方裁判所　　　　　　行政裁判所

民事・刑事の裁判権　　　行政裁判権　　　その他、財政・労働・社会の裁判所系列がある。

　ドイツも連邦制ですが、裁判所の系列は連邦と州とではなく、事案の実体法的性質によって分かれています。連邦憲法裁判所は、どの系列にも属さず憲法問題のみを扱う特別の裁判所です。一般の裁判所が、適用すべき法律が憲法違反だと判断するに至った場合には、手続を停止し、この合憲性問題を連邦憲法裁判所に移送してその判断を求めなければなりません（「具体的規範統制」と呼ばれます）。

　連邦憲法裁判所は、この具体的規範統制の他、連邦や州の政府などから法律の合憲性についてなされる審査請求（「抽象的規範統制」、典型的な抽象的違憲審査です。）、公権力による基本権侵害が他の手段を尽くしても救済されていないと主張する者からの申し立て（「憲法異議」）などを扱います。事件数としては、個人が自己の権利救済を求める憲法異議が大部分を占めます。

く法律の合憲性自体を審査対象とする制度のことを，抽象的審査制と呼びます。

　ただし，両制度は，実際にはまったく異なるというわけではありません。アメリカの最高裁の判決の多くは憲法判断を行うもので，憲法裁判所としての性格を強くもっています。また，アメリカでは具体的争訟性の要件が日本よりずっと緩やかにとらえられているため，違憲審査制の実際の機能は抽象的審査制に近づきます。一方ドイツの憲法裁判所も，抽象的審査だけでなく，権利侵害を訴える個人からの申立てに対応する手続も有しており，実際にはこの手続が事件数の大半を占めています。

　日本では，適法な司法権の対象とされる要件である争訟性の判断が厳しいことや，憲法だけでなく他の法律の解釈を行うことも最高裁の主要な任務とみなされていることなどに，制度運用の特徴があります。いわば，古典的な付随的審査制が今なお続いているともいえるでしょう。なお，最高裁が合憲性について判断する終審裁判所であるという規定から，法律などの合憲性が争われている事件については，最高裁の判断を求める機会が保障されていなければなりません。

### 13.5.2　違憲審査の対象

　裁判所が違憲審査の対象とするのは，法律その他の公権力の定立する法規範すべてであると考えられます。81条には条約が挙がっておらず，条約が違憲審査の対象となるかどうかについては議論がありました。確かに国際法としての条約を国内の裁判所が無効にすることはできませんが，その国内での効力を否定することは可能なはずです。また，条約による人権侵害を防ぐためにも，条約も違憲審査の対象となると考えられています。最高裁は砂川事件で，日米安保条約の合憲性審査につき統治行為論を採用しましたが，条約が違憲審査の対象となることは前提にしていたと考えられます。

　国や地方公共団体は，経済的な活動も行っており，その際には契約などの私法上の行為形式を採用することも多くあります。このような，国の私法上の行為は，違憲審査の対象となるのでしょうか。最高裁判所は，国が私人と対等の立場で行う行為は違憲審査の対象とならない，と判断しています（百里基地訴訟，最判平成元・6・20民集43巻6号385頁）。しかし，国家は私的自治を主

## コラム 13-6● 法令違憲と合憲限定解釈，適用違憲

　裁判所による違憲判決といって一般に思い浮かべられるのは，ある法律条文が違憲無効であると判断する判決でしょう。たとえば，非嫡出子の法定相続分を嫡出子の２分の１とする民法900条４号但書を違憲とした最近の最高裁決定（最大決平成25・9・4民集67巻6号1320頁）はその典型的事例です。これを法令違憲と呼びます。しかし，裁判所による憲法判断には，これ以外にもいくつかの形態があります。

　法律が複数の解釈を許容し，それにより合憲性についての結論が分かれるような場合，裁判所としては，できるだけ法律自体を違憲無効としてしまうのではなく，権利制約を限定的にのみ認め憲法に違反しないような解釈を採用すべきだといわれます。これが，合憲限定解釈です。この解釈手法は，立法府との正面からの衝突を避けつつ人権保障を確保するために便利であり，日本の裁判所によってもしばしば採用されています。

　たとえば最高裁は，「風俗を害すべき書籍・図画」を輸入禁制品とする法律条文につき，この項目の対象はわいせつ文書に限られるという解釈を示し，そう解するならばこの規定は合憲であると判示しました（札幌税関訴訟，最大判昭和59・12・12民集38巻12号1308頁）。ただ，まさにこの事例が示すように，合憲限定解釈に対しては，条文の文言からは困難な解釈を加えて，無理やり法律を救うために用いられることがあるという批判もなされています。

　さらに，法律の条文自体の合憲性を判断することなく，具体的になされたその適用行為を違憲と判断するにとどめる場合があります。これが適用違憲です。郵便局の非管理職職員が勤務時間外に政治活動を行ったことで，国家公務員の政治活動禁止違反として起訴された猿払事件で，第一審の地裁判決は，このような者に適用する限りで当該条項は憲法に違反すると判断しました（旭川地判昭和43・3・25下刑集10巻3号293頁）。これは，適用違憲の一例です。ただ，最高裁は，いわば法律の適用可能な範囲の中に適用不可という穴を開けるようなこの手法を好んでいないようです。

張できる主体ではなく，行使形式にかかわらず法的限定に服さなければならないのであって，憲法上の制約も常に課されており，すべての行為が違憲審査の対象となるべきだという批判も強くなされています。

### 13.5.3 違憲審査の効力

付随的審査制においては，憲法判断は事件解決に必要な理由づけの一部として，判決の理由中でなされます。通常，判決の中で法的効力を有するのは主文のみであり，理由自体が当事者や第三者を拘束するということはありません。しかし，法律のような一般的規範を違憲無効とする判断は，当事者を超える一般的意義を有するべきものでしょう。では，その法的効果については，どのように考えるべきなのでしょうか。

日本では，最高裁がある法律を違憲無効と判断した場合でも，その法律が存在しなくなるような強い効力をもつわけではない，とされています。ただ，最高裁の判断は判例としてその後の同種の裁判に強い影響を与えます。さらに，内閣は，最高裁が違憲と判断した法律を執行すべきではないと考えられます。

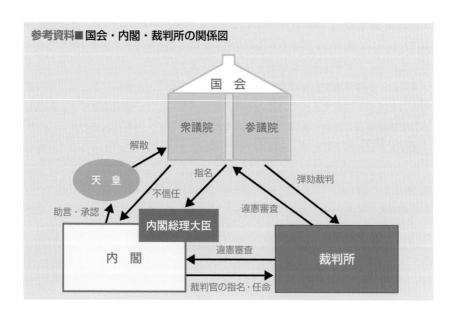

参考資料■国会・内閣・裁判所の関係図

第14章

# 地方自治

## ──統治機構Ⅳ──

【本章で解説する部分】

## 14.1 地方自治の本旨

憲法は，第8章として地方自治についての規定を置いています（BOX 50）。その諸条文により，憲法は，地方公共団体（地方自治体とも呼ばれます）が国から独立して運営されるべきこと，そしてその団体が民主的に運営されるべきことを，保障しようとしたといえるでしょう。住民にとって身近な問題に取り組む地方自治は，「民主主義の学校」とも呼ばれます。地方自治を保障することは，国家権力の専制的な行使に対する歯止めにもなります。

92条は，地方公共団体の組織及び運営が，「地方自治の本旨に基いて」法律で定められると規定しています。これを受けて地方自治法が制定され，地方自治の詳細について定めています。地方自治の本旨とは，団体自治と住民自治のことです。団体自治とは，地方自治が国から独立した団体によって担われるべきことを意味し，住民自治とは，その事務が住民の意思に基づいて行われるべきことを意味します。

## 14.2 地方公共団体の種類・組織

憲法は，地方公共団体としてどのような団体を設置すべきかについては，特に指示を与えていません。周知の通り，現在日本では，都道府県と市町村という2段階の地方公共団体が存在するという制度になっています。しかし，憲法解釈としては，2段階の地方自治がなければならないとまではいえないでしょう。

93条は，地方公共団体の組織を法定する際に守るべき憲法上の要請を示しており，それによれば，地方公共団体には，議事機関としての議会がなければならず，また団体の長，議会議員は必ず住民から直接選ばれなければなりません。法律上，都道府県の長は知事と呼ばれています。なお，憲法はこの他にも，選挙で選ばれる役職を法律で加えることを認めていますが，現在はそのような役職は存在しません。

93条により，憲法は地方においては，長が議会から選ばれ議会に責任を負う議院内閣制類似の制度ではなく，長と議会がともに住民から選ばれて対峙す

□□□ BOX 50——日本国憲法　第8章　地方自治

**第 92 条【地方自治の本旨】**　　地方公共団体の組織及び運営に関する事項は，地方自治の本旨に基いて，法律でこれを定める。

**第 93 条【地方公共団体の議会，長や議員らの直接選挙】**　①　地方公共団体には，法律の定めるところにより，その議事機関として議会を設置する。
　②　地方公共団体の長，その議会の議員及び法律の定めるその他の吏員は，その地方公共団体の住民が，直接これを選挙する。

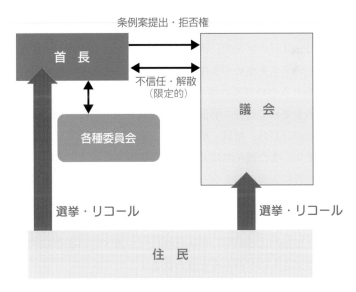

図 14-1　**地方自治の構造**

る大統領制類似の制度を採用したことになります。両者の関係は法律によって詳しく定められますが、長も住民から選ばれている以上、議会が単純過半数で長を不信任して辞職に追い込むことは認められないでしょう。また、長に自由な議会解散権を与えることも許されないでしょう。地方自治法は、議会が長を不信任するには、3分の2以上の議員が出席した上で4分の3以上の多数の賛成が必要であるとします。この不信任が成立した場合には、長は議会を解散することができます。解散に踏み切らなければ、長はその職を失います。議会による長の不信任には厳しい要件が課せられており、長による議会解散も、この不信任に対抗する手段としてしか認められていないわけです。なお、解散後の新議会で、3分の2以上の議員が出席した上で過半数の賛成で再び不信任が可決された場合には、長は強制的に失職します。

議事機関としての地方議会は、条例の制定や予算の議決など、国の国会に相当する権限を有する必要があるでしょうし、実際の法律上もそれが認められています（ただし、長には拒否権（再議請求権）があり、条例や予算についてそれをくつがえすには、出席議員の3分の2以上の同意が必要とされています）。地方自治法は、国政調査権に相当する、地方公共団体の事務に関する強制的調査権も議会に認めています。

地方自治法は、住民の参加を、国におけるよりも広く認めています。たとえば、一定数以上の署名を集めて条例制定を請求することができます（ただ、条例を可決するかどうかの判断は議会に委ねられています）。さらに、住民が一定数以上の署名を集めて議会の解散や長の解職を請求した場合には、その可否を問う住民投票が行われ、解散・解職を可とする投票が過半数を得た場合には、それが実現します。また近年では、このような地方自治法で定められた方式以外にも、地方で特に議論の的となっている政治問題について、住民の意見を問う住民投票がしばしば行われるようになりました。これらの住民投票の結果には法的拘束力はありませんが、当然大きな政治的影響力をもちます。

このような住民参加について、憲法は特に何も述べていませんが、住民自治の観点から許されるものであろうと思われます。

表 14-1　現行法上の主な直接請求

| 請求の名称 | 必要な署名数 |
| --- | --- |
| 条例の改廃請求 | 50 分の 1 以上 |
| 事務監査請求 | 50 分の 1 以上 |
| 議会の解散請求 | 3 分の 1 以上<br>（総数 40 万人以上の地方公共団体においては特別の定めあり） |
| 解 職 請 求<br>①議員の解職請求<br>②長の解職請求<br>③役員等の解職請求 | 3 分の 1 以上<br>（総数 40 万人以上の地方公共団体においては特別の定めあり） |
| 合併協議会の設置請求 | 50 分の 1 |

(注)　比率が示される場合の母数は，いずれも日本国籍を有する普通地方公共団体の住民のうち，当該普通地方公共団体の議員及び長の選挙権を有する者の総数。

## クローズアップ 14-1● 住民投票の例（条例に基づく住民投票）

① **個別政策に関する住民投票条例を制定して行うもの**

　原子力発電所の設置の可否や米軍基地の移転，「平成の大合併」時代に入ってからは，合併の可否等といった，個別政策に関する住民投票を個別に条例を制定し，住民投票が行われることがあります。

　たとえば，1996 年（平成 8 年）に沖縄県で行われた，米軍基地の整理縮小などについての住民投票は，全国的にも大きな注目を集めました。

② **常設型の住民投票条例によるもの**

　常設型の住民投票条例は，1996 年に新潟県巻町（当時）で初めて制定された後，多くの自治体で制定されるようになりました。外国人に投票権を認めるもの（例として川崎市）や，18 歳以上など未成年に投票権を認めるものもあります。

94条は地方公共団体の権能を定めますが（BOX 51），地方自治の本旨からして，地方公共団体が住民のために必要な事務を行う権能を有するのは，当然といえるでしょう。問題は，法律の規定との関係です。同条は，地方公共団体は「法律の範囲内で」条例を制定することができる，と定めています。条例とは地方公共団体が定める一般的法規範のことですが，この文言は，条例の制定には，常に法律の根拠が必要であると言っているようにも読み取れます。しかし，団体自治の原理からして，法律によって認められなければ条例が制定できないという理解をとることはできません。この文言は，条例は法律に違反してはいけないという意味に理解すべきでしょう。

その上でも，条例が法律に違反していないかどうかを明確に決めるのは意外に困難であり，様々な事例で議論がなされてきました。特にこの問題は，かつて公害規制において，工場が守るべき環境基準などについて，国よりも厳しい基準を地方公共団体が設定できるかどうかというかたちで争われました。法律で決められた基準が事業者への最大限の要求であって，それ以上事業者の自由を制約はしませんという意味だとすると，条例がそれを超える基準を設定するのは「法律の範囲」を超えることになりそうです。しかし，公害で最も苦しむのは汚染源の工場に隣接して居住する地域住民です。全国一律で制定される法律が，特定の地域により厳しい基準を設定することを排除する意味までもっていると考えるべきではないでしょう。一般には，このような法律を超える規制も認められています。

**14.4** 地方特別法

95条は，一の地方公共団体のみに適用される特別法は，その地方の住民投票での同意がなければ制定できない，と定めています（BOX 52）。これが，地方特別法と呼ばれる法律です。特定の地方に不利益を与える法律制定にはその地方の住民の同意を必要とすると定めることで，特定地方の住民が不当な不利益を受けることを防止しようとするものだと理解されています。このような

**第 94 条【地方公共団体の権能】**　地方公共団体は，その財産を管理し，事務を処理し，及び行政を執行する権能を有し，法律の範囲内で条例を制定することができる。

## コラム 14-1●徳島市公安条例事件

　集会の自由の箇所（第 6 章 94 頁）で述べたように，現在，公安条例のある地方自治体では，デモ行進に道路交通法と公安条例双方の規制が課されています。道路交通法に加えて条例でデモ行進を規制することが，同法に違反することにならないかどうかが問題となります。

　この問題について，最高裁は徳島市公安条例事件で，「特定事項についてこれを規律する国の法令と条例とが併存する場合でも，後者が前者とは別の目的に基づく規律を意図するものであり，その適用によつて前者の規定の意図する目的と効果をなんら阻害することがないときや，両者が同一の目的に出たものであつても，国の法令が必ずしもその規定によつて全国的に一律に同一内容の規制を施す趣旨ではなく，それぞれの普通地方公共団体において，その地方の実情に応じて，別段の規制を施すことを容認する趣旨であると解されるときは，国の法令と条例との間にはなんらの矛盾牴触はな」いといえる，との判断基準を示しました。そして，地方公共の安寧と秩序の維持のための独自の意義を有する公安条例は，道路交通法に違反するものではない，としました（最大判昭和 50・9・10 刑集 29 巻 8 号 489 頁）。

**第 95 条【特別法の住民投票】**　一の地方公共団体のみに適用される特別法は，法律の定めるところにより，その地方公共団体の住民の投票においてその過半数の同意を得なければ，国会は，これを制定することができない。

観点から，特定地方を対象とする法律でも，その地域を支援しようとする法律は本条には該当しないと解釈されています。その結果，本条の適用事例はほとんどありません。

**参考資料■市町村合併の状況**

| | 件数 | 合併関係市町村数 | 市町村数 | |
|---|---|---|---|---|
| | | | 前年度末 | 当年度末 |
| 1999（平成11）年度 | 1 | 4 | 3,232 | 3,229 |
| 2000（平成12）年度 | 2 | 4 | 3,229 | 3,227 |
| 2001（平成13）年度 | 3 | 7 | 3,227 | 3,223 |
| 2002（平成14）年度 | 6 | 17 | 3,223 | 3,212 |
| 2003（平成15）年度 | 30 | 110 | 3,212 | 3,132 |
| 2004（平成16）年度 | 215 | 826 | 3,132 | 2,521 |
| 2005（平成17）年度 | 325 | 1,025 | 2,521 | 1,821 |
| 2006（平成18）年度 | 12 | 29 | 1,821 | 1,804 |
| 2007（平成19）年度 | 6 | 17 | 1,804 | 1,793 |
| 2008（平成20）年度 | 12 | 28 | 1,793 | 1,777 |
| 2009（平成21）年度 | 30 | 80 | 1,777 | 1,727 |
| 2010（平成22）年度 | 0 | 0 | 1,727 | 1,727 |
| 2011（平成23）年度 | 6 | 14 | 1,727 | 1,719 |
| 2014（平成26）年度 | 1 | 2 | 1,719 | 1,718 |
| 計 | 649 | 2,163 | | |

＊ 2012・2013年度は合併なし。
（出所）総務省ウェブサイト

平成になってから地方行政の効率化などをめざして，市町村合併が進められ，市町村数は大幅に減少しました。その結果，地方自治の基礎的単位としては広すぎるのではないかと思われる市町村も出現しています。

第15章

# 憲 法 改 正

　**96 条**は，憲法改正の手続を定めています（BOX 53）。ここでいう憲法改正とは，憲法条文の削除・修正や新たな条文の追加を意味します。憲法改正権については，その性質をめぐって様々な考え方が示されてきました。立法権であれば，憲法によって与えられた権限だという説明ですむのですが，憲法改正権は，それが定められているのと同じレベルの法である憲法の条文を変更する権限であるだけに，憲法自体を制定した主体の権力とどのような論理的関係にあるのか，はっきりしないところがあるからです。また，この憲法改正権の位置づけが，憲法改正の限界という議論とも関係することになります。

　一つの考え方は，憲法改正権は憲法制定権者から与えられた権限であって，その点では立法権などと変わらない，というものです。この説によれば，憲法改正は，憲法制定権者が憲法を時代に合わせて調節していくために創設した権限であるとされます。しかし，それはあくまでも特定の憲法制定権力を前提にしているので，憲法改正によって憲法制定権者自体を変更することはできない，ということになります。日本国憲法では，前文で国民主権が宣言され，その現れとして国民が憲法制定権者であることが明示されていますが，憲法改正権はこの国民から与えられた権限であるので，国民主権原理自体を変更することは許されないことになります。また，この立場からは，憲法改正権は，主権原理だけでなく，憲法制定権者が決定した憲法の中核原理を変更することはできない，という説も唱えられています。

　これに対しては，憲法改正権とは憲法の中で実定法化された憲法制定権力のことである，と考える立場があります。憲法制定権者は，憲法を制定する際，自らが憲法を改正する権限を留保することを憲法中に書き込んだのだ，ということになります。日本国憲法は，憲法改正に国民投票を要求していますから，このような説明も成立しえます。憲法改正権と憲法制定権力が同一であるとすれば，どのような改正も可能であると考えることが可能です。ただし，この立場からも，憲法改正で国民主権を否定することは，憲法改正権＝憲法制定権力の自殺ということになるから認められない，という帰結を導くことは可能です。日本ではさらに，憲法制定権力も決して無限定の権力ではなく，個人の自然権

**第 96 条【改正の手続，その公布】**　①　この憲法の改正は，各議院の総議員の 3 分の 2 以上の賛成で，国会が，これを発議し，国民に提案してその承認を経なければならない。この承認には，特別の国民投票又は国会の定める選挙の際 行はれる投票において，その過半数の賛成を必要とする。

②　憲法改正について前項の承認を経たときは，天皇は，国民の名で，この憲法と一体を成すものとして，直ちにこれを公布する。

## クローズアップ 15-1 ● 国民投票法について

　憲法 96 条は，憲法改正手続について具体的に定める法律の制定を予定していると考えられますが，実際には戦後長らくの間，そのような法律は成立しませんでした。日本の独立回復後まもなく憲法改正の是非が非常に論争的な問題となり，実際に憲法を改正できる見込みが立たない中で，あえて手続法についてのみ定めることに政治的意義が見出されなくなったからだといえるでしょう。

　憲法改正手続法は，2000 年（平成 12 年）の憲法調査会の設置から 7 年を経て，2007 年（平成 19 年）に成立しました。

　同法の審議過程では，国民投票の成立に必要な最低投票率を設けるかどうかも議論の対象になりましたが，結局そのような条件はつけられませんでした。あまりに少数の者の賛成だけで憲法改正が成立することを避けるための措置として，このような制度も憲法上許容されるし，むしろ望ましいと思われます。

## コラム 15-1 ● 緊急事態についての定めの導入

　9 条とならぶ憲法改正の一つの焦点として，緊急事態についての定めの導入があります。しかし，緊急事態法制は国の迅速な措置を可能にするため国会の権限を限定することにつながり，濫用の危険がぬぐえません。とかくこの世は，東日本大震災や新型コロナ流行など思いがけない事態が発生するものですが，それぞれ法律による対処が十分可能です。憲法に緊急事態を導入することによってより良い対処が可能になるのか，かなり疑わしいと思われます。

によって制約されているとの立場から，憲法改正にも同様の限界があるという説も有力です。

## 15.2 日本国憲法における憲法改正の限界

　以上の憲法改正権の性格と憲法改正の限界をめぐる議論は，理論的なものであって，実定憲法自体に改正限界についての規定があるかどうかにかかわらず成立します。では，日本国憲法は，自身の改正に限界があると考えているのでしょうか。

　憲法は明確に憲法改正の限界を定めているわけではありません。しかし，そのように解釈しうる規定はいくつかあります。まず。前文は民主主義を「人類普遍の原理」とし，それに反する「憲法」も排除する，と述べています。9条1項は，日本は戦争を「永久に」放棄すると述べます。11条は，基本的人権を「侵すことのできない永久の権利」だとしています。これらの条文からは，憲法は国民主権，基本的人権の尊重，平和主義という基本原理の中核を改正限界だと考えている，という解釈を行うことが可能でしょう。

## 15.3 憲法改正手続

　96条によれば，憲法改正は，各議院の総議員の3分の2以上の賛成で国会から国民に発議され，国民投票で過半数の賛成を得た場合に成立します。国会での審議における原案の修正はもちろん可能ですが，一度発議された後には，改正案の修正の機会はありません。国民に対し，条文の中身についての意味ある選択を可能にするために，発議は内容的に関連のある条項ごとに行われる必要があります。

　日本の憲法改正についての議論では，日本国憲法の正統性自体が争点になってきたこともあって，それを全部取り換えるような「改正案」が示されることが多かったのですが，そのような案は現実的な改正提案とはいえません。改正・追加すべき個別の条文を特定して検討を深めるという，憲法改正として本来あるべき議論はなお手薄であり，国会から国民への発議どころか，国会内での

1. 憲法改正原案の発議
衆議院 100 人以上，参議院 50 人以上の国会議員の賛成を得て，憲法改正案の原案（憲法改正原案）を発議。なお，憲法改正原案は，両院の憲法審査会も提出できる。[法律案の提出に該当]

2. 憲法改正の発議
衆議院憲法審査会及び参議院憲法審査会での審議後，衆議院本会議及び参議院本会議にて総議員の 3 分の 2 以上の賛成で可決。
両院での可決により，国会が憲法改正の発議を行い，国民に提案したものとされる。

3. 広報・周知
憲法改正案の広告・周知を目的に，国民投票広報協議会（各議院の議員から委員を 10 人ずつ選任）を設置。
→国民投票公報の原稿作成，憲法改正案要旨の作成，
　広報目的のテレビやラジオ，新聞広告などを行う。
総務大臣，中央選挙管理会，都道府県及び市町村の選挙管理委員会：国民投票の方法や国民投票運動の規制等，国民投票の手続きに関して必要な事項を国民に周知。

4. 国民投票運動
「国民投票運動」：憲法改正案に対し，賛成又は反対の投票をするよう，又はしないよう勧誘すること。
政党やその他の団体，マスコミ，個人などが，一定のルールの下に行うことができる。
※投票期日 14 日前からは，国民投票広報協議会が行う広報のための放送を除き，テレビやラジオの広告放送は禁止。

5. 投 票
（憲法改正の発議をした日から起算して 60 日以後 180 日以内において，国会の議決した期日に実施。）
投票権者は，18 歳以上の国民。
投票は，国民投票にかかる憲法改正案ごとに，1 人 1 票。
投票用紙（233 頁図 15-2 参照）の賛成あるいは反対の文字を囲んで○（丸）の記号を書く。
期日前投票（投票期日前 14 日から）や不在者投票，在外投票なども認められる。

図 15-1　**憲法改正手続の概略**

原案の提出もまだ一度もありません。

　96条の定める要件はかなり硬性度の高いものですが，すでに述べたように，日本で憲法改正がなされてこなかったのは改正要件が高すぎるせいだという理解は，短絡的です。憲法の法律に対する優位を実際に確保するために，改正要件を法律よりも厳しくするのは当然の考慮であり，議会での可決に3分の2の多数を必要とするというのは，頻繁に憲法改正を行っている国でも見られる要件です。

　国会での発議要件を過半数に緩和しようとする案が主要政党の中で提唱されていますが，このように法律とほぼ同様の要件で国民に対する発議が行えることになると，憲法の優位性は実質的に，国民投票がなければ改正できないということのみとなります。そのように簡単に，国民に対し憲法問題について決定を迫る国民投票を発議するのが望ましいことなのかどうか，疑問です。憲法で人権尊重を公権力に義務づける意味が，かなり薄まることは確実でしょう。憲法が改正できないでいるのは，両院で3分の2の多数の支持を集められる案を作成できなかったからに他なりません。改正を実現したいなら，そのような案を作成する努力をすべきでしょう。改正のルール自体を緩めてしまえば，憲法全体の実効性に悪影響を及ぼすおそれが大きいといえます。

　憲法学説上は，むしろ国民投票を廃止することは許されるかという問題が関心を集めてきました。この国民投票を，憲法改正権として制度化された国民の憲法制定権力の現れととらえると，その廃止は改正限界を超えることになります。ただし，国民主権を採用する諸外国において，必ずしも憲法改正に国民投票が必要とされているわけではなく，主権原理と憲法改正を切り離して考えることも十分可能であろうと思われます。

　96条2項は，憲法改正が成立したときには，天皇が国民の名で直ちにこれを公布する，としますが，そこに「この憲法と一体を成すものとして」という文言が入っています。この文言は，96条の憲法改正が，あくまでも部分的な条文の修正であって，明治憲法から日本国憲法への「改正」のような，憲法の全体を取り替えるものではないということを意味しているといえます。

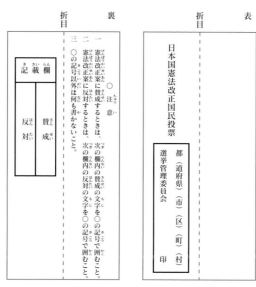

（出所）　政府広報ウェブサイト

図15-2　投 票 用 紙

表15-1　諸外国の憲法改正要件と憲法改正の実際（2020年11月現在）

| | 現行憲法制定年 | 改 正 要 件 | 改正実施回数 |
|---|---|---|---|
| アメリカ | 1787年 | 両議院の3分の2で発議<br>（全州の3分の2の議会からの要請がある場合，連邦議会は，憲法修正を発議する憲法会議を招集）<br>＋<br>全州の4分の3の議会あるいは，4分の3の憲法会議の承認 | 18回<br>（第二次大戦後は，6回） |
| ド イ ツ | 1949年 | 連邦議会構成員の3分の2<br>連邦参議院の票決数の3分の2 | 64回 |
| フランス | 1958年 | ①国民議会・元老院双方の過半数<br>＋国民投票の過半数<br>②国民議会・元老院合同の憲法改正会議の有効投票数の5分の3<br>（政府提出改正案の場合のみ） | 24回 |

# ● 索 引 ●

## 事項索引

## た　行

## な 行

## は 行

# 判例索引

# 日本国憲法　条文索引

＊ 頁は BOX 掲載頁を示す。

## 第 4 章　国　会

## 第 5 章　内　閣

## 第 6 章　司　法

## 第 7 章　財　政

# 著者紹介

## 毛利　透（もうり　とおる）

1967 年　京都府生まれ

1989 年　東京大学法学部卒業，同学部助手に採用

　　　　その後，筑波大学社会科学系助教授，

　　　　京都大学大学院法学研究科助教授などを経て

現　在　京都大学大学院法学研究科教授（2003 年より）　京都大学博士（法学）

　　　　専攻分野：憲法

### 主要著書

『民主政の規範理論——憲法パトリオティズムは可能か』（勁草書房，2002 年）

『表現の自由——その公共性ともろさについて』（岩波書店，2008 年）

『統治構造の憲法論』（岩波書店，2014 年）

『国家と自由の法理論——熟議の民主政の見地から』（岩波書店，2020 年）

『憲法Ⅰ，Ⅱ〔第 2 版〕』（共著，有斐閣，2017 年）

グラフィック[法学]＝2

## グラフィック憲法入門 第2版

| | |
|---|---|
| 2014 年 6 月 10 日 ⓒ | 初 版 発 行 |
| 2015 年 10 月 25 日 | 初 版 第 6 刷 発 行 |
| 2016 年 2 月 10 日 ⓒ | 補訂版第1刷発行 |
| 2020 年 10 月 25 日 | 補訂版第14刷発行 |
| 2021 年 2 月 10 日 ⓒ | 第 2 版 発 行 |
| 2024 年 9 月 10 日 | 第2版第10刷発行 |

| | |
|---|---|
| 著 者 毛 利 透 | 発行者 森 平 敏 孝 |
| | 印刷者 加 藤 文 男 |
| | 製本者 小 西 惠 介 |

【発行】 株式会社 新世社
〒151-0051 東京都渋谷区千駄ヶ谷 1 丁目 3 番 25 号
編集☎(03)5474-8818(代) サイエンスビル

【発売】 株式会社 サイエンス社
〒151-0051 東京都渋谷区千駄ヶ谷 1 丁目 3 番 25 号
営業☎(03)5474-8500(代) 振替 00170-7-2387
FAX☎(03)5474-8900

印刷 加藤文明社 製本 ブックアート
《検印省略》

サイエンス社・新世社のホームページのご案内
https://www.saiensu.co.jp
ご意見・ご要望は
shin@saiensu.co.jp まで.

ISBN 978-4-88384-324-4
PRINTED IN JAPAN